汽车前沿技术
科·普·系·列

图说 电动汽车无线充电技术

罗志超 魏学哲 编著

化学工业出版社
·北京·

内容简介

本书以电动汽车的车载无线充电系统为应用载体,对无线充电技术进行了系统的介绍。依据作者近年来在车载无线充电系统方面的研究成果,并综合了国内外知名研究机构和多家企业的研究进展,对车载无线充电技术进行了分析、归纳和总结,主要内容包括无线电能传输的基本原理、谐振补偿电路拓扑图、磁能线圈组结构、磁能线圈组磁芯特性、系统电路及控制等。本书基于严谨的科学理论,对具体的技术实现做了简化,尽可能采用图文并茂的方式,旨在做到深入浅出、通俗易懂、层次分明、思路清晰。力求每一章,甚至每一节都为一个独立的知识点,可供读者分时阅读。

本书可作为具有一定物理知识背景的学生的科普材料,亦可供有兴趣从事电动汽车车载无线充电系统研发和产业化的工程师和创业者参考使用。

图书在版编目(CIP)数据

图说电动汽车无线充电技术/罗志超,魏学哲编著. —北京:化学工业出版社,2023.10
(汽车前沿技术科普系列)
ISBN 978-7-122-43944-4

Ⅰ.①图… Ⅱ.①罗… ②魏… Ⅲ.①电动汽车-充电-图解 Ⅳ.①U469.72-64

中国国家版本馆 CIP 数据核字(2023)第 145908 号

责任编辑:张海丽
文字编辑:张 琳 温潇潇
责任校对:宋 玮
装帧设计:刘丽华

出版发行:化学工业出版社
    (北京市东城区青年湖南街 13 号 邮政编码 100011)
印   刷:北京云浩印刷有限责任公司
装   订:三河市振勇印装有限公司
710mm×1000mm 1/16 印张 10½ 彩插 1 字数 155 千字
2024 年 1 月北京第 1 版第 1 次印刷

购书咨询:010-64518888
售后服务:010-64518899
网   址:http://www.cip.com.cn
凡购买本书,如有缺损质量问题,本社销售中心负责调换。

定   价:69.80 元   版权所有 违者必究

前言

电动汽车已经成为当下汽车行业革新的大潮流，也是中国产业发展的战略方向。在政策指导与市场驱动下，我国电动汽车在2022年的保有量已达1045万辆，预计2030年将突破8000万辆，这对充电基础设施势必是一个重大的挑战。目前，电动汽车充电基本以传统的有线充电为主，这种充电方式需要繁琐的操作且存在触电风险。与之相比，无线充电作为一种新兴的非接触式电能传输技术，能够为电动汽车提供更安全、便捷的充电方案，可有效解决汽车电动化进程中带来的"充电难"问题。此外，2020年国家印发的《新能源汽车产业发展规划（2021—2035年）》提出"到2025年我国高度自动驾驶汽车实现限定区域和特定场景商业化应用"，自动驾驶将是未来电动汽车的发展趋势，而无线充电技术能够与自动驾驶完美契合，实现车辆行驶充电全自动化，是推动车路网协同智能网联目标的重要技术支撑。

经过数十年的技术积累，目前国内外已有众多企业开始投入精力和财力，致力于车载无线充电技术的产业化和商业化。其中，以麻省理工学院研究团队为主创立的Witricity公司是世界比较著名的车载无线充电系统研发公司，目前该公司已经有从3.3kW到11kW不同功率等级的无线充电产品样机。随后，Momentum Dynamics公司、Wave公司、Tesla公司等也开始对车载无线充电系统的产业化进行投入。而在国内，车载无线充电系统的研发和商业化属于一个新兴的产业，近年来不断有企业家组建团队，成立公司投身于车载无线充电系统的研发和产业化。而能够实现汽车"边走边充"的动态无线充电技术也受到广大研究学者的关注，在全球各地已有不少的技术示范试点，有望在不久的将来实现产业化。

目前，国内尚缺乏针对电动汽车无线充电技术的科普原理性介绍，因此，笔者希望总结此前关于车载无线充电的研究工作，结合国内外先进研究团队的思路和理念，通过本书，为对无线充电技术感兴趣的学生以及即将或已经从事车载无线充电系统研究开发的人员，提供关于车载无线充电技术的较为通俗易懂的原理性介绍及技术特点总结，以推动车载无线充电理念的普及和产业化的发展进程。

本书的主要框架如下：

第1章：对无线电能传输技术进行分类，区分了以电场和磁场作为传输媒介的无线电能传输技术。重点介绍磁场耦合式无线电能传输技术及其在各领域的应用，并对静态和动态两种电动汽车无线充电方式的技术特点、发展现状以及前景进行介绍。

第2章：针对车载无线充电系统中三种典型的谐振补偿电路拓扑结构的基本工作原理和传输特性进行分析，并对比三种拓扑在线圈组偏移情况下的功率及效率变化情况。

第3章：重点讨论车载无线充电系统中的单极磁能线圈组及双极磁能线圈组的基本结构及工作原理，详细分析两种不同类型线圈组的抗偏移能力以及基本设计准则。

第4章：对磁性材料的分类以及磁损耗的产生机理进行介绍，并对磁损耗的计算方法进行展开讨论。以磁芯利用率最大化为目标讨论异形磁芯的设计优化方法，同时也探讨新型碎化铁基纳米晶带材磁芯在大功率无线充电系统中应用的可能性。

第5章：介绍无线充电系统中功率因数校正、高频逆变、整流三种基于电力电子技术的电能变换电路的基本原理，并讨论无线充电系统中的控制方法，其中包括发射端控制、接收端控制以及双边控制方法。

第6章：阐述车载无线充电系统未来的技术发展方向，主要包括双向无线充电技术、动态无线充电技术以及基于宇称时间对称的无线充电技术。

本书先从基本原理出发，介绍车载无线充电系统各个功能模块的主流技术方案及技术特征，每章的内容都是一个相对独立的知识体系，读者可根据自身专业基础和兴趣进行阅读。

由于笔者水平有限，本书的内容难免存在疏漏，还请专家和读者批评指正。

编著者

目 录

第 1 章　打开无线电能传输之门 ·· 001

1.1　无线电能传输技术分类 ·· 003
1.2　电场耦合式无线电能传输 ·· 006
1.3　磁场耦合式无线电能传输概述 ·· 008
1.4　磁场耦合式无线电能传输应用 ·· 011
 1.4.1　消费电子及医疗设备 ·· 011
 1.4.2　交通工具 ·· 011
1.5　电动汽车无线充电技术 ·· 012
 1.5.1　静态无线充电技术 ·· 013
 1.5.2　动态无线充电技术 ·· 017
本章小结 ·· 018
参考文献 ·· 019

第 2 章　无线充电系统电路拓扑 ·· 021

2.1　基本无线充电系统谐振补偿电路 ···································· 023
2.2　S-S 谐振补偿电路特性 ·· 024
2.3　LCC-LCC 谐振补偿电路特性 ·· 028
2.4　LCC-S 谐振补偿电路特性 ·· 031
2.5　三种补偿电路拓扑参数变动时传输特性比较 ···················· 032
本章小结 ·· 035
参考文献 ·· 036

第 3 章　无线充电系统磁能线圈组设计 ······························ 037

3.1　磁能线圈组基本概况 ··· 039
3.2　单极磁能线圈组的分类 ·· 041

3.3 单极磁能线圈组位错传输特性 ········· 042
3.3.1 方形线圈的水平偏移位错 ········· 044
3.3.2 圆形与方形线圈倾斜偏移位错 ········· 045
3.3.3 方形线圈的复合偏移位错 ········· 046
3.3.4 多磁屏蔽层方形与圆形磁能线圈组抗水平位错能力比较 ····· 047

3.4 双D线圈组位错传输特性 ········· 049
3.4.1 双D线圈组的基本传输特性 ········· 049
3.4.2 三种不同双D线圈组结构的传输特性比较 ········· 052

本章小结 ········· 056
参考文献 ········· 056

第4章 磁能线圈组磁芯特性 ········· 057

4.1 磁性材料介绍 ········· 059
4.1.1 磁性材料的定义与分类 ········· 059
4.1.2 磁性材料的磁化特性 ········· 061

4.2 软磁材料的非线性磁滞特性 ········· 062
4.2.1 准静态非线性磁滞特性 ········· 063
4.2.2 动态非线性磁滞特性 ········· 064
4.2.3 软磁材料的磁损耗问题 ········· 065
4.2.4 无线电能传输中磁损耗的计算 ········· 068

4.3 考虑磁芯非线性问题的分析与优化 ········· 071
4.3.1 应用中的磁芯非线性问题 ········· 072
4.3.2 面向非线性问题的磁芯优化研究 ········· 075
4.3.3 考虑非线性的磁芯结构选型 ········· 079

4.4 纳米晶带材改良及应用 ········· 082
4.4.1 纳米晶带材特性及其应用 ········· 083
4.4.2 碎化纳米晶带材特性及其应用 ········· 086

本章小结 ········· 090
参考文献 ········· 091

第 5 章　车载无线充电系统电路及其控制策略 093

5.1　功率因数校正变换器电路 095
5.1.1　功率因数校正技术原理 095
5.1.2　其他典型 PFC 变换器电路拓扑结构介绍 100

5.2　高频逆变电路 103

5.3　整流电路 108

5.4　发射端控制方法 110
5.4.1　Z 源工作原理 111
5.4.2　准 Z 源工作原理 112
5.4.3　准 Z 源 DC/DC 变换器控制方法 115

5.5　接收端控制方法 118
5.5.1　基于双向串联开关管的接收端功率控制方法 119
5.5.2　接收端可控整流功率控制方法 121
5.5.3　接收端倍流整流功率控制方法 125

5.6　双边控制方法 127
5.6.1　基于移相控制和可控整流的双边控制方法 128
5.6.2　基于最有效率点跟踪的双边控制方法 130
5.6.3　基于开关可变电容的双边控制方法 131

本章小结 133

参考文献 133

第 6 章　车载无线充电系统前沿技术介绍 135

6.1　双向无线充电技术 137
6.1.1　电流源型双向无线充电系统概述 137
6.1.2　电流源型双向无线充电系统的功率-频率控制 139

6.2　动态无线充电技术 141
6.2.1　动态无线充电基本原理 141

6.2.2 动态无线充电技术发展现状 ………………………………… 143
6.2.3 基于分布线圈组的动态无线充电技术 ………………………… 147
6.3 基于宇称时间对称的无线充电技术 …………………………… 150
6.3.1 基于宇称时间对称的无线充电系统原理 ……………………… 151
6.3.2 基于宇称时间对称的无线充电系统应用 ……………………… 152
本章小结……………………………………………………………… 155
参考文献……………………………………………………………… 156

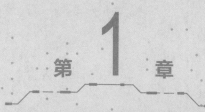

第1章

打开无线电能传输之门

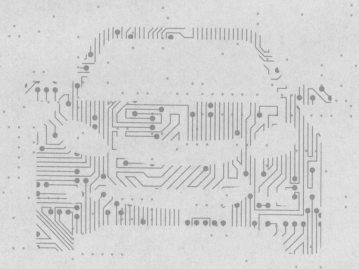

无线电能传输又称为无线电力传输、非接触电能传输，是指通过发射器将电能转换为其他形式的中继能量（如电磁场能、激光、微波及机械波等），隔空传输一段距离后，再通过接收器将中继能量转换为电能的传输方式。

近年来，一些便携式电器如笔记本电脑、手机、音乐播放器等移动设备都需要电池和充电。电源电线频繁地拔插，既不安全，也不美观可靠，且容易磨损。一些充电器、电线、插座标准也并不完全统一，这样既造成了浪费，也形成了对环境的污染。而在特殊场合下，譬如矿井和石油开采中，传统输电方式在安全上存在隐患。孤立的岛屿、工作于山头的基站，采用架设电线的传统配电方式相当困难。在上述情形下，无线电能传输便愈发显得重要和迫切，因此，它被美国《技术评论》杂志评选为未来十大科研方向之一。

1.1 无线电能传输技术分类

根据能量传输过程中中继能量形式的不同，无线电能传输可分为：磁（场）耦合式、电（场）耦合式、电磁辐射式（如太阳辐射）。其中，电场或磁场耦合式是 21 世纪初研究最为火热的无线电能传输方式。

电场或磁场耦合式无线电能传输技术本质上都是基于空间电磁波的无线传能技术。如图 1.1 所示，电磁波（electromagnetic wave）是由方向相同且互相垂直的电场与磁场在空间中衍生发射的振荡粒子波，是以波动的形式传播的电磁场。电磁波有三大属性，即振幅（强度、光强）、频率（波长）和波形（频谱分布）。电磁波的一个重要属性是频率，它可以决定电磁波的各种性质，但是描述电磁波的频率，不一定必须用频率本身，还可以是和频率有关的物理量，常用的有波长（如果不做任何说明，则默认指真空中的波长，与频率是唯一对应关系，成反比）。波长的定义式如下：

$$\lambda = \frac{c}{f} \tag{1.1}$$

式中，λ 为波长；c 为真空中的光速；f 为频率。

基于空间电磁波的无线电能传输，按照波长可以划分为远场无线电能传输和近场无线电能传输，如图 1.2 所示。一般而言，以场源为

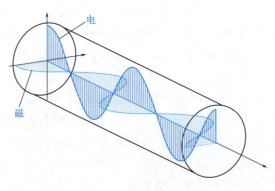

图 1.1 电磁波示意图

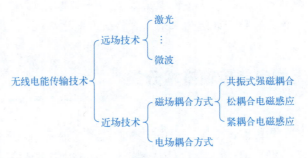

图 1.2 无线电能传输技术分类

中心,在三个波长范围内的区域,通常称为近场,也可以称为感应场;半径为三个波长之外的空间范围称为远场,也可称为辐射场。其中,远场无线电能传输主要包括微波传输、激光传输等;而近场无线电能传输可分为以磁场为主要传输媒介的磁场耦合方式和以电场为主要传输媒介的电场耦合方式。

根据离天线的距离,可将其周围区域划分为电抗性近场、辐射近场(又称"菲涅耳区")以及辐射远场(又称"夫琅和费区"),如图 1.3 所示。其中,电抗性近场是天线辐射场中紧邻天线直径的一个近场区域。在这个区域,由于电抗场占优势,该区域的界限通常取为距天线直径表面 $\lambda/2\pi$ 处。从物理概念上讲,电抗性近场是一个储能场,其中的电场与磁场的转换类似于变压器中的电场、磁场之间的转换,是一种感应场。在电抗性近场区中,电磁场在时间上相位相差 90°,在某一时刻电场最大时磁场最小,磁场最大时电场最小,为振荡电磁场,没有向外辐射的能量。

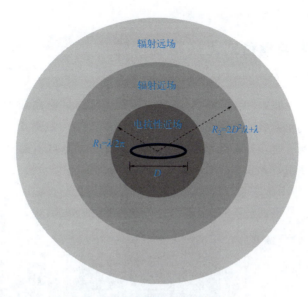

图 1.3 天线周围区域远近场划分

而超过电抗性近场区就到了辐射近场区。辐射近场区的电磁场已经脱离了天线的束缚，并作为电磁波进入空间。在辐射近场区中，辐射场占优势，并且辐射场的角度分布与距离天线直径多远有关。此区域也称为菲涅耳区，是根据 18—19 世纪法国物理学家菲涅耳而命名。在菲涅耳区中，开始有向外辐射的能量，但存在交叉极化电场分量，使得在平行于传播方向的平面内的合成电场为椭圆极化波。

通常所说的远场区，又称为夫琅和费区，是根据 18—19 世纪德国物理学家夫琅和费而命名。在该区域中，辐射场的角分布与距离无关。严格地讲，只有离天线无穷远处才能到达天线的远场区，可以理解为在该区域接收到的都是均匀平面波，在远场区域，场波瓣图的形状与到天线的距离无关。

以微波和激光为代表的远场无线电能传输技术存在如下原理性问题：第一，系统传输效率较低（一般为 70%）。根据 Friis 公式[1]，微波电能传输的功率与传输距离的平方成反比，即传输距离增加 10% 其传输功率下降近 20%；第二，易受天气、地形及障碍物等诸多因素影响；第三，高能电磁波会对生物以及生态环境产生不可预知的后果，难以实现普通汽车充电场景下的使用。因此，本书不考虑以远场技术为基础的无线电能传输系统。

1.2 电场耦合式无线电能传输

1891年，著名科学家Tesla在纽约哥伦比亚大学首次展示了以电场耦合技术为基础的无线电能传输系统，如图1.4所示，他证明了相距一定距离的两个导电片之间的交变电场可以给处于电场中的电子管供电，并点亮它们[2]。

图1.4 Tesla演示基于电场耦合的无线电能传输系统

典型的电场耦合式无线电能传输系统结构如图1.5所示，它包含电源、高频逆变器、系统发射端谐振网络、耦合机构、系统接收端谐振网络、整流滤波器和负载。其中，发射极板和接收极板间形成耦合电场，用于传输电能。电场耦合式无线电能传输系统的电源可以由交流市电经整流滤波后提供，也可以由直流电源直接提供。高频逆变器将直流电转换成高频交流电供给谐振网络，系统发射端谐振网络为耦合机构提供高频高压的激励[3]。耦合机构在高频高压的交流电激励下产生"位移电流"，电能从系统发射端传输到接收端。而系统接收端的谐振网络将接收到的电能转换为所需要的输出电压/电流。整流滤波器

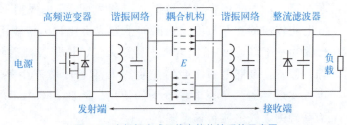

图1.5 电场耦合式无线电能传输系统示意图

将交流电转换成直流电供给负载。

Dai 和 Ludois[2] 对比分析了电场耦合式无线电能传输系统和磁场耦合式无线电能传输系统，对比结果如图 1.6 所示。其中，"圆点"（IPT）代表磁场耦合式无线电能传输系统（以下简称磁场耦合式系统），"十字"（CPT）代表电场耦合式无线电能传输系统（以下简称电场耦合式系统）。

图 1.6（a）表明电场耦合式系统传输距离一般小于 1mm，而磁场耦合式系统传输距离较大，并且传输功率和效率都较高。图 1.6（b）表明电场耦合式系统和磁场耦合式系统的传输效率都可以达到 90% 以上。但是电场耦合式系统中，空气并非理想的电介质，其储能密度较低，同时空气的电场击穿强度仅约为 3kV/mm，也限制了其功率传输。

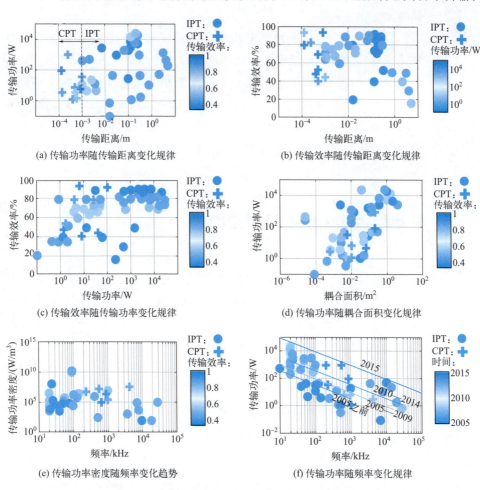

图 1.6 电场耦合式与磁场耦合式无线电能传输技术对比

因此，电场耦合式系统适合在近距离情况下实现能量高效传输，而磁场耦合式系统可以在 10～20cm 的距离下实现能量高效传输。图 1.6（c）表明电场耦合式系统和磁场耦合式系统的传输效率整体随着传输功率的升高而升高。图 1.6（d）表明无论是电场耦合式系统还是磁场耦合式系统，总体趋势为：在传输较大功率场合下所需的耦合面积也要变大，同时效率也会相应升高。图 1.6（e）表明电场耦合式系统频率范围在 100kHz～10MHz，磁场耦合式系统频率范围在 10kHz～10MHz，二者的功率密度（传输功率/发射端与接收端之间的空间体积）基本持平。图 1.6（f）表明无论是电场耦合式系统还是磁场耦合式系统，其系统传输功率都在逐年上升，因此大功率等级的无线电能传输系统是未来的发展方向。

综上所述，笼统地判断电场耦合式系统和磁场耦合式系统孰好孰坏是不准确的，具体要看实际应用场合。对于电动汽车无线充电❶这种大功率、远传输距离的应用场合，近年来也有学者着手采用电场耦合式无线电能传输的方式[4-6]。但是与磁场耦合式系统相比，其仍然存在一定技术上的难题，目前针对电动汽车无线电能传输系统的技术和产业也集中于磁场耦合式的技术路线，因此本书将针对磁场耦合式系统进行解析和讨论。

1.3 磁场耦合式无线电能传输概述

磁场耦合式无线电能传输是指以交变磁场作为能量传输媒介，并且以电能-磁能-电能为基本转换方式的能量传输技术。从这个角度来看，在工业电气领域得到广泛应用的变压器技术也是一种磁场耦合式无线电能传输技术，因为变压器原副边没有电气接触，完全靠存在于磁芯内的交变磁场进行能量传输，但变压器依赖磁芯作为导磁材料，且原副边线圈密绕，属于典型的紧耦合电磁感应。目前，学术界对无线电能传输技术定义多种多样，诸如感应式无线电能传输技术、松耦合感应式无线电能传输技术及共振式强磁耦合技术等，实质上它们都

---

❶ "无线电能传输"的概念偏重理论，而"无线充电"的概念偏重实际应用，在本书的研究范围内二者概念相同。

属于磁场耦合式无线电能传输技术,只不过它们的耦合程度及应用场合不一样。线圈之间的耦合程度一般可以用耦合系数[其定义如式(1.2)所示]表示,相比于传统的变压器,目前的磁场耦合式无线电能传输系统线圈之间存在巨大的空气气隙,因此耦合系数一般较低,大致为 0.1~0.6[7,8]。

$$k = \frac{M}{\sqrt{L_1 L_2}} \quad (1.2)$$

式中,k 为耦合系数;M 为两个耦合线圈之间的互感;L_1、L_2 分别为发射与接收线圈的自感。

如图 1.7 所示,磁场耦合式无线电能传输工作过程大致为:在发射线圈上加以交变的激励电流,交变的电流会使发射线圈产生交变的电场,而交变的电场会在空间中激发交变的磁场;根据法拉第电磁感应定律,空间中交变的磁场穿过接收线圈的闭合导线所围成的面积时,会在接收线圈上感应出交变的电场,即产生了感应电动势,从而可以为连接在接收线圈上的负载供电。

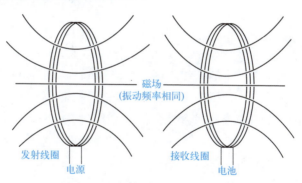

图 1.7 磁场耦合式无线电能传输原理图

由此看来,磁能线圈是磁场耦合式无线电能传输系统的重要组成部分。因此,根据空间中传递能量的磁能线圈数量,可以将磁场耦合式无线电能传输系统分为两线圈系统以及多线圈系统两大类。

图 1.8 所示为两线圈系统结构电路模型。其中,L_2 和 L_3 为发射和接收线圈的自感(通常用于无线电能传输的磁能线圈为平面的螺绕线圈,其感抗较大,电阻较小,在电路中可以等效为一个电感与电阻串联的简化模型);R_2 和 R_3 为磁能线圈的寄生电阻;M_{23} 为发射与接收线圈之间的互感值;V_s、R_s、R_L 分别为电压源、电压源内阻以及电阻负载。由于磁能线圈接近于纯感性元件,假若直接用电压源驱动,

发射端的电压和电流会存在接近于 90°的相位差，即系统大部分能量为无功功率，来回往返于电感与电压源之间，并不利于大功率的无线电能传输。通常，为了提高系统的功率因数（让输入电压与输入电流基本同相），需要在磁能线圈的基础上再加入谐振补偿电路，使得磁能线圈工作在谐振状态，即用两个补偿电容 C_2、C_3 去"抵消"磁能线圈的感性，使系统的整体阻抗呈纯阻性。

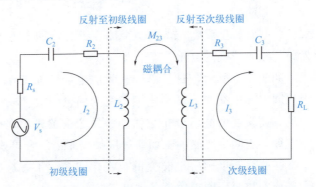

图 1.8　两线圈系统结构电路模型

文献 [9] 中提出了多线圈磁感应式无线电能传输系统（即多线圈系统）。如图 1.9 所示，在最左侧的发射线圈与最右侧的接收线圈之间加入了若干中继线圈。该中继线圈既可以接入负载，亦可以仅作为能量传输节点，拓展无线电能的传输距离。对于车载的无线充电应用，往往希望系统更加简单稳定，尤其在车载端的接收装置，其结构越简单，成本就越低，对汽车本身的结构和性能影响越小。而且在地面端与汽车底盘间加入中继线圈不易于实现，因此，与多线圈系统相比，两线圈的磁场耦合式无线电能传输技术更加适用于电动汽车。

图 1.9　多线圈系统

1.4 磁场耦合式无线电能传输应用

随着磁场耦合式无线电能传输技术的日益成熟，目前该技术已经逐渐走出实验室，走向现实生活中的各种应用。下面简单介绍目前较为成熟的磁场耦合式无线电能传输的应用。

1.4.1 消费电子及医疗设备

在小功率的无线充电应用中，磁场耦合式无线电能传输技术日益普及。如图 1.10 所示，日常生活中的电动牙刷、手机、蓝牙耳机和扫地机器人都采用了磁场耦合式无线电能传输技术。此外，在植入式的医疗设备中，由于直接传导式充电并不方便，磁场耦合式的无线充电方式也是十分常见。还有在无人机的充电应用中，磁场耦合式无线电能传输技术能够实现其自动巡航及回位补电功能。

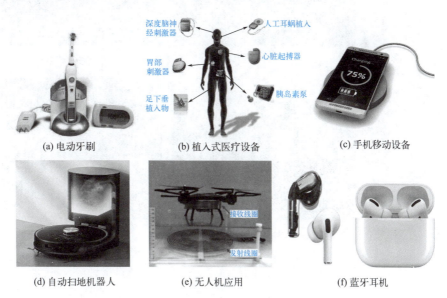

图 1.10 小功率无线充电应用

1.4.2 交通工具

在交通工具的领域中，磁场耦合式无线电能传输应用也相当广泛。

图 1.11（a）是某分时租赁电动滑板车的无线充电站。该充电站能够在客户还车后自动为滑板车充电，免去插拔的繁琐操作。由于无线充电设备都是安置于密封的保护壳内，其充电站的运维成本也得到明显的降低。图 1.11（b）是电动客车的无线充电应用。当客车停靠在站台时，埋藏于地下的发射装置开始给客车底盘上的接收装置传输能量。而在图 1.11（c）中所示的是动态无线电能传输在火车中的应用。电动火车沿着铺设好发射线圈的轨道行走，在运行的过程中利用磁场耦合的方式不断给火车传输电能。图 1.11（d）所示则是无线电能传输在电动轮船中的应用。由于轮船停靠在码头时仍会有一定的波动，需要考虑磁耦合装置在轻微位错波动下的稳定功率传输问题。

(a) 电动滑板车充电

(b) 电动客车充电

(c) 电动火车充电

(d) 电动轮船充电

图 1.11　磁场耦合式无线电能传输技术在电动交通领域中的应用

1.5　电动汽车无线充电技术

电动汽车无线充电技术按照车辆是否在行驶过程中进行充电，可进一步分为静态无线充电和动态无线充电技术。静态无线充电技术以简化用户充电操作、减少充电危险为目标；动态无线充电技术是在行驶过程中对电动汽车进行实时充电，应用该技术的长期目标是减小车载动力电池包的质量和最终解决电动汽车的里程焦虑。但是动态无线充电系统比较复杂，充电效率和漏磁控制仍存在一定的技术难题。

1.5.1 静态无线充电技术

如图 1.12 所示，一般的变压器工作原理为：在初级侧绕组线圈通以交变的电流，从而在磁芯上产生交变的磁场，磁通量通过磁芯创造的低磁阻回路穿过次级侧的绕组线圈，并在接收绕组线圈上产生感应电动势，最终将电能从初级侧传递到次级侧，并通过改变初级侧与次级侧的绕组线圈匝数实现不同的电压比传输。

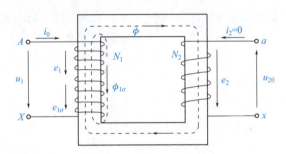

图 1.12 变压器示意图

而静态无线充电系统的基本原理与变压器类似，只是将变压器中的高磁导率磁芯拿掉，分别集成安装在初级侧与次级侧线圈上作为磁屏蔽层，本书中将线圈与磁屏蔽层的组合结构称为磁能线圈组（简称线圈组）。此时，初级侧和次级侧的磁能线圈组之间只有空气介质，能量便从发射线圈组经过空气域传输至接收线圈组。正是这种改变，使得静态无线充电系统与变压器相比，引入了如下几个新的问题。

① 变压器由于存在高磁导率的铁芯连接初级侧与次级侧，其耦合系数较高，一般在 0.9 以上，为紧耦合系统。而电动汽车静态无线充电系统需要在 100～300mm 的空气气隙中传递能量，其耦合系数较低，一般在 0.1～0.3 之间，属于松耦合系统。因此，在电动汽车静态无线充电系统中往往需要加入漏感谐振补偿电路对耦合线圈组的漏感进行补偿，从而提高系统的输出功率和传输效率。

② 变压器主要通过高磁导率磁芯引导磁力线，而电动汽车静态无线充电系统则在发射与接收端之间存在较大的空气气隙。这要求在耦合线

圈组的设计上需要先考虑其空间磁场的分布，确保在发射端激励的主磁通大部分与接收端的磁能线圈组耦合。同时，也需要考虑空间漏磁约束问题，保证在系统限定工作范围以外的空间内漏磁低于安全阈值。

磁能线圈组是无线电能传输系统中不可或缺的重要组成部分，因此关于电动汽车静态无线充电系统的磁能线圈组结构的研究也是该领域关注的热点。迄今为止，比较常见的磁能线圈组结构有圆形线圈组、方形线圈组、双 D 线圈组、DDQ 线圈组、双极线圈组[10-16]，如图 1.13 所示。关于磁能线圈组的设计优化以及其磁芯材料选型设计，将在本书的第 3 章和第 4 章详细展开。

③ 典型的电力变压器中，其激励电流的频率属于低频段。而电动汽车静态无线充电系统需要在较大的空气气隙中传输千瓦级别的能量，因此，采用与传统变压器一样的低频交流电作为激励是不可取的。根据 SAE J2954 标准中规定，电动汽车静态无线充电系统的工作电流频率约为 85kHz。一方面是考虑到电动汽车静态无线充电技术属于图 1.3 所示的电抗性近场，其工作频段一般为数十到数百千赫兹；另一方面考虑到与其他车载电子设备频段错开，因此目前最合适的工作频率为 85kHz。而中国标准的交流电力系统市电仅仅为 50Hz 的低频交流电，需要功率因数校正单元先将市电转变为功率因数接近为 1 的直流电，然后经过高频逆变电路将直流电转化为特定频率的激励电流，在输出负载端连接的是电动汽车的动力电池，而给动力电池充电需要直流电，因此在接收端还需要加入整流电路，使接收线圈组感应的交流电转变为直流电再给动力电池充电。

④ 在电力变压器应用中，其工作环境和工作状态都比较固定；而对于电动汽车静态无线充电系统，其周围环境的温度、湿度、每次车辆的停车位错以及不同车型的不同接收线圈组都会改变系统的工作状态。因此，需要在电动汽车静态无线充电系统中加入闭环控制系统，即系统控制器，加强系统的环境适应性和鲁棒性，使其能在更宽的工作条件下进行稳定的功率传输。

针对第③个问题中所提及的功率因数校正单元、高频逆变电路以及整流电路的设计，需要考虑到在电动汽车无线充电的应用背景下（6.6～11kW 传输功率，300～400V 电池包电压，220V 50Hz 单相电网输入），选择成本较低、稳定性更好的电力电子变换电路。而在第④个问题中所提及的系统控制器的设计，则可以从三个大方向入手考虑，分别

(a) 圆形线圈组

(b) 方形线圈组

(c) 双D线圈组

(d) DDQ线圈组

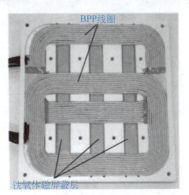
(e) 双极线圈组

图 1.13　典型磁能线圈组结构

为原边控制、副边控制以及双边协调控制。每种控制的思路都有其自身的优劣，需要根据实际应用需求进行合理选取。针对电力电子变换电路的设计及其系统控制将在第 5 章中展开叙述，如图 1.14 所示为本书剩余各章针对电动汽车静态无线充电系统中各子单元的分别介绍。

总体上说，电动汽车静态无线充电技术目前已经比较成熟，无论是逆变整流电路的设计、补偿拓扑结构选取、系统整体控制及通信还是磁能线圈组空间磁场的调控与约束，都已经基本达到产业化标准水平。因此，本书将着重围绕电动汽车静态无线充电技术展开详细讨论。本书中的电动汽车无线充电技术如不加特殊说明，均为静态无线充电技术。

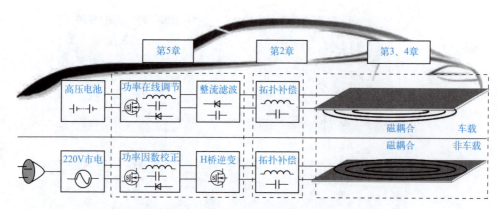

图 1.14 电动汽车静态无线充电系统示意图

目前,国内由中国电力企业联合会发起的《电动汽车无线充电系统》(以下简称"国标")也制定完成。国标明确了对电动汽车无线充电系统的功率等级及传输高度的分类,如表 1.1 及表 1.2 所示。在功率等级的划分上,相比 SAE J2954 标准的 4 个功率等级,国标考虑到对国内更大功率等级的电动客车无线充电做了扩展,将等级上限提高到了 WPT7 的 66kW。需要提到的一点是,我国家庭用电为单相 220V 输入,最大只能提供 32A 电流,因此若要配备更大功率等级的无线充电设施,须做地端电网改造。除此之外,在传输高度的划分上,国标在 D1、D2、D3 保持了 SAE J2954 标准里的间隙范围不变的前提下,扩展到了更高的 D4,也是考虑到底盘较高的电动客车。

表 1.1 国标中的功率等级划分

项目	MF-WPT1	MF-WPT2	MF-WPT3	MF-WPT4	MF-WPT5	MF-WPT6	MF-WPT7
功率等级 /kW	$P \leqslant 3.7$	$3.7 < P \leqslant 7.7$	$7.7 < P \leqslant 11.1$	$11.1 < P \leqslant 22$	$22 < P \leqslant 33$	$33 < P \leqslant 66$	$P > 66$

注:MF-WPT4、MF-WPT5、MF-WPT6、MF-WPT7 无法适用于电网单相输出。

表 1.2 国标中的传输高度等级划分

等级	车载线圈离地间隙距离/mm
D1	100~150
D2	140~210
D3	170~250
D4	≥250

1.5.2 动态无线充电技术

除了静态的无线充电技术，电动汽车"边走边充"的动态无线充电技术也是近年来研究的热点。

典型动态无线充电系统如图1.15所示，车载部分（接收端）与静态无线充电系统结构相同，非车载部分（发射端）与静态无线充电系统结构不同，根据发射端线圈分布，可以将动态无线充电系统进一步分为线圈阵列式和线圈导轨式。线圈阵列式动态无线充电系统是在车辆行驶道路中埋入相同的多个线圈，线圈大小及间距需根据车辆实际行驶的位置和速度进行优化设计，通过在线切换工作线圈实现车辆行驶过程中无线充电的目的。线圈导轨式动态无线充电系统则是采用长直导线代替阵列线圈，相比于前者，线圈导轨式动态无线充电系统不需要在线切换工作线圈，即可实现车辆行驶过程中无线充电目的。

动态无线充电系统可以减小车载电池包质量，相当于降低了电池包价格，或者可以延长电动汽车续驶里程，减少"里程焦虑"问题。文献[17]指出动态无线充电系统可以减小电池包39%的体积或增加50%的续驶里程。然而，动态无线充电系统仍面临如下技术难点：

① 系统发射端与接收端对不准现象严重，而且还受到车辆行驶状态和路况的影响，导致系统传输效率及传输功率变化剧烈，因此需要一套响应速度较快的在线控制系统。

② 无论是线圈阵列式动态无线充电系统结构还是线圈导轨式动态无线充电系统结构，在发射端都需要大量的导线和多个功率变换装置，这无疑大大增加了成本，限制了该项技术的应用普及。除此之外，对于不同型号的电动汽车，阵列线圈和导轨线圈大小、尺寸、间距及长度等配置也不同，其通用性难以保证。

③ 在动态无线充电系统中，安装在移动中电动汽车上的接收端会在系统发射端产生的交变磁场中运动，同时接收端中存在充电电流，因此会产生一个洛伦兹力，其大小会与交变磁场强度及电动汽车行驶速度有关。在静态无线充电系统中，由于车辆静止不动，不会出现这种现象。

④ 动态无线充电系统的设计不仅仅要考虑技术层面上的内容，还要考虑对现有基础设施改造的问题，铺一条路面下埋有线圈的电气公路工程量巨大，成本也较昂贵，而且还要考虑不同重量的车辆是否会对埋在地下的线圈产生挤压性机械损伤等。

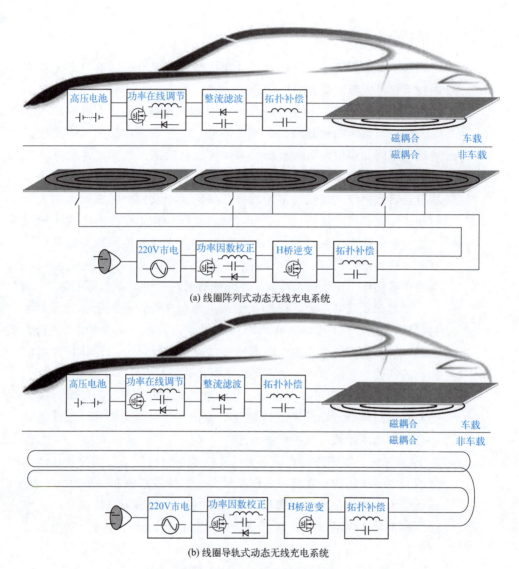

(a) 线圈阵列式动态无线充电系统

(b) 线圈导轨式动态无线充电系统

图 1.15　典型动态无线充电系统

综上所述，动态无线充电技术目前仍然处于实验室的研发阶段，存在不少技术原理上的难点。因此，关于动态无线充电技术，本书将在第 6 章对其典型的系统构成和研究热点做简单的介绍。

本章小结

本章对无线电能传输技术的分类进行了介绍，着重对以电场和磁场作为传能媒介的无线电能传输技术进行介绍。对比发现，以磁场为媒介的无线电能传输技术更加适合电动汽车大功率无线电能传输的应用场合。此外，还对静态和动态两种电动汽车无线充电系统的技术特点、发展现状以及前景进行了介绍。

参考文献

[1] 肖冰，洪劲松，王秉中. 无线输电方式的比较研究. 2019. Available：https://www.researchgate.net/publication/335203190.

[2] Dai J, Ludois D C. A Survey of Wireless Power Transfer and a Critical Comparison of Inductive and Capacitive Coupling for Small Gap Applications[J]. IEEE Transactions on Power Electronics, 2015, 30：6017-6029.

[3] 卿晓东，苏玉刚. 电场耦合无线电能传输技术综述[J]. 电工技术学报，2021，36：3649-3663.

[4] Regensburger B, Sinha S, Kumar A, et al. High-Performance Multi-MHz Capacitive Wireless Power Transfer System for EV Charging Utilizing Interleaved-Foil Coupled Inductors[J]. IEEE Journal of Emerging and Selected Topics in Power Electronics, 2022, 10：35-51.

[5] Dai J, Ludois D C. Capacitive Power Transfer Through a Conformal Bumper for Electric Vehicle Charging[J]. IEEE Journal of Emerging and Selected Topics in Power Electronics, 2016, 4：1015-1025.

[6] Vu V B, Dahidah M, Pickert V, et al. An Improved LCL-L Compensation Topology for Capacitive Power Transfer in Electric Vehicle Charging[J]. IEEE Access, 2020, 8：27757-27768.

[7] Kurs A, Karalis A, Moffatt R, et al. Wireless power transfer via strongly coupled magnetic resonances[J]. Science, 2007, 317：83-86.

[8] Wang C S, Stielau O H, Covic G A. Design Considerations for a Contactless Electric Vehicle Battery Charger[J]. IEEE Transactions on Industrial Electronics, 2005, 52：1308-1314.

[9] Zhong W X, Xu D H, Hui R S Y. Wireless Power Transfer：Between Distance And Efficiency[M]. Singapore：Springer, 2020.

[10] Zaheer A, Hao H, Covic G A, et al. Investigation of Multiple Decoupled Coil Primary Pad Topologies in Lumped IPT Systems for Interoperable Electric Vehicle Charging[J]. IEEE Transactions on Power Electronics, 2015, 30：1937-1955.

[11] Qiu C, Chau K T, Liu C, et al. Modular inductive power transmission system for high misalignment electric vehicle application[J]. Journal of Applied Physics, 2015, 117：17B528.

[12] Luo Z, Wei X. Analysis of Square and Circular Planar Spiral Coils in Wireless Power Transfer System for Electric Vehicles[J]. IEEE Transactions on Industrial Electronics, 2018, 65：331-341.

[13] Fujita I, Yamanaka T, Kaneko Y, et al. A 10kW transformer with a novel cooling structure of a contactless power transfer system for electric vehicles[C]. Proc. IEEE Energy

Convers. Congr. Expo. , 2013：3643-3650.

[14] Budhia M, Covic G A, Boys J T. Design and Optimization of Circular Magnetic Structures for Lumped Inductive Power Transfer Systems[J]. IEEE Transactions on Power Electronics, 2011, 26：3096-3108.

[15] Budhia M, Covic G, Boys J. A New IPT Magnetic Coupler for Electric Vehicle Charging Systems[C]. 36th Annual Conference on IEEE Industrial Electronics Society, 2010.

[16] Budhia M, Boys J T, Covic G A, et al. Development of a Single-Sided Flux Magnetic Coupler for Electric Vehicle IPT Charging Systems[J]. IEEE Transactions on Industrial Electronics, 2013, 60：318-328.

[17] Lorico A, Taiber J, Yanni T. Inductive Power Transfer System Integration for Battery-Electric Vehicles[C]. Sustainable Automotive Technologies 2011, 2011：75-83.

第 2 章

无线充电系统电路拓扑

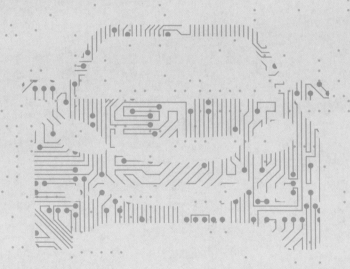

无线充电系统中的磁能线圈组为感性元件，若直接单独使用进行磁感应式电能传输，会使得系统中存在大量的无功环流，在影响传输效率的同时也限制了输出的有功功率。因此，为了补偿磁能线圈组的感性阻抗，提高系统输入侧的功率因数（输入电压与电流基本同相），需要使用额外的无源器件作为补偿元件与磁能线圈连接，使得磁能线圈组工作于谐振状态。

2.1　基本无线充电系统谐振补偿电路

如图 2.1 所示，S（串）-S（串）、P（并）-P（并）、S（串）-P（并）、P（并）-S（串）是四种最基本的谐振补偿电路拓扑结构。下面以 S-S 为例简单说明对漏感进行谐振补偿的作用。其中，在发射端将功率因数校正单元与高频逆变电路用交流源 V_{in} 进行简化，L_p、L_s 分别为发射与接收线圈组的自感，M 为两线圈组之间的互感，C_p 和 C_s 分别是发射端与接收端的补偿电容，R 为负载。对于发射端，如图 2.2 所示，将接收端简化为等效阻抗 Z_s。假若不加入谐振补偿电容 C_p，由于存在电感 L_p，则电路存在一部分的无功功率，即系统的输入功率并不能完全传输到接收端的负载上。若加入补偿电容 C_p，则可以补偿发射线圈组所带来的感抗，使系统的功率因数为 1，即输入功率完全传输到接收端。此外，由于发射线圈组处于谐振状态，会在线圈上产生较高的谐振电压，有利于激发更强的磁场，以保证在较大的气隙中传递功率。

对于接收端，假设发射端的激励线圈组中激励电流恒定不变为 I_p，则在接收线圈组上的感应电压 V_{oc} 为：

$$V_{oc} = j\omega M I_p \tag{2.1}$$

式中，ω 为工作频率。

假若不存在谐振补偿电容 C_s，则系统的输出功率 P'_{out} 为：

$$P'_{out} = I_s^2 R = \frac{V_{oc}^2}{R^2 + (\omega L_2)^2} R = \frac{V_{oc}^2}{R} \times \frac{1}{1+Q^2} \tag{2.2}$$

式中，$Q = \omega L_2 / R$，其值一般大于 1。

若接收端加入谐振补偿电容 C_s，将接收线圈组的感抗完全补偿，则其输出功率 P_{out} 为：

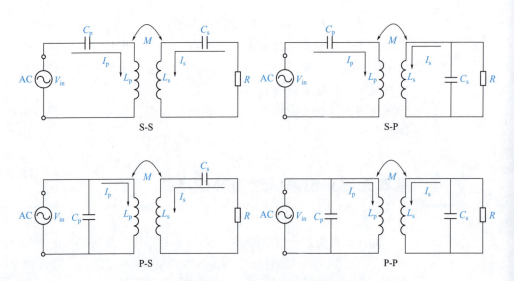

图 2.1 四种基本无线充电系统谐振补偿电路拓扑

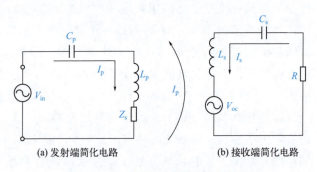

图 2.2 S-S 发射端与接收端简化电路

$$P_{out} = \frac{V_{oc}^2}{R} \tag{2.3}$$

由式（2.2）和式（2.3）对比可得，在加入谐振补偿电容后，系统的输出功率可以提高 $1+Q^2$ 倍。由上述分析可知，加入谐振补偿电容，能够有效地增加系统的有功功率，减少对输入端的功率需求。

2.2　S-S 谐振补偿电路特性

对图 2.2 中的 S-S 谐振补偿电路进行简化，可将两个松耦合磁能线圈组等效为流控电压源或利用反射阻抗理论将接收端电路折射到发射端。

一般而言，S-S 谐振补偿电路拓扑结构（以下简称 S-S 拓扑结构）的谐振条件为：

$$\omega_0 = \frac{1}{\sqrt{L_p C_p}}, \quad \omega_0 = \frac{1}{\sqrt{L_s C_s}} \tag{2.4}$$

式中，ω_0 为谐振频率。

当上述谐振条件满足时，S-S 拓扑结构在接收线圈组上的电流与负载无关，呈现恒流源的特性，比较适合动力电池充电场合。而该拓扑结构在谐振状态下的输出功率计算公式为：

$$P = \mathrm{Re}(U_{AB} I_1^*) = \frac{U_{AB} U_{ab}}{\omega_0 M} \tag{2.5}$$

式中，U_{AB} 为系统输入电压的相量；I_1^* 为系统输入电流的共轭；U_{ab} 为负载电阻 R 两端电压。由式可见，S-S 拓扑结构谐振时的输出功率由谐振腔两端电压、线圈组之间的互感和谐振频率决定，当系统的功率等级以及线圈组之间的互感确定后，谐振腔两端的电压就确定了，不能进行自由的调整。同时 S-S 拓扑结构的输入阻抗没有办法通过补偿元件的取值进行调整，对系统的线圈组设计参数匹配要求较高。其次，该输出功率与线圈组之间的互感成反比，这意味着在实际工作中，线圈组之间存在较大的位错时，或者接收线圈组意外开路，将会导致发射端短路烧毁。

图 2.3（a）中 Z_s 为接收端的等效阻抗，其表达式如下：

$$Z_s = \mathrm{j}\omega L_s + \frac{1}{\mathrm{j}\omega C_s} + R = \mathrm{j}X_s + R \tag{2.6}$$

式中，X_s 为接收端的总电抗。

而从发射端出发，S-S 拓扑结构的等效阻抗 Z_{in} 为：

$$Z_{in} = \mathrm{j}\omega L_p + \frac{1}{\mathrm{j}\omega C_p} + \frac{(\omega M)^2}{Z_s} = \mathrm{j}X_p + \frac{(\omega M)^2}{Z_s} \tag{2.7}$$

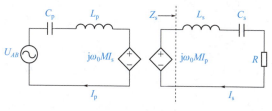 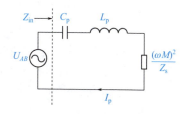

(a) 流控电压源等效电路图　　(b) 反射阻抗等效电路图

图 2.3　S-S 拓扑结构等效电路图

式中，X_p 为发射端的总电抗。

为增加电路分析的普适性，下面对输入阻抗进行归一化处理，各中间变量定义如表 2.1 所示。

表 2.1　S-S 归一化中间变量列表

表达式	公式说明
$\lambda_L = \dfrac{L_s}{L_p}$	接收线圈组与发射线圈组自感比值
$\omega_n = \dfrac{\omega}{\omega_0}$	工作频率与谐振频率比值
$Z_0 = \omega_0 L_p$	归一化基准阻抗
$R_n = \dfrac{Z_0}{R}$	基准阻抗与等效负载电阻比值

基于上述归一化处理，可得在系统谐振状态下（$\omega_n = 1$）归一化等效输入阻抗：

$$Z_{n\_\omega_0} = \lambda_L R_n k^2 \tag{2.8}$$

式中，k 为线圈组间的耦合系数，其定义为 $k = M/\sqrt{L_p L_s}$。

由式（2.8）可知，当线圈组的参数及负载确定后，S-S 拓扑结构在谐振时的输入阻抗就确定了，这意味着在线圈设计时必须考虑其自感和互感能满足电路输入阻抗的要求。

图 2.4 和图 2.5 所示的是 S-S 拓扑结构归一化输入阻抗幅值及阻抗相角与频率的关系图。从图 2.5 中可知，当工作频率为谐振频率时，其归一化阻抗相角为 0，即输入阻抗为纯阻性，系统实现单位功率因数，此时系统的传输效率可以达到最大值。通常，为了让 H 桥逆变器实现零电压导通（ZVS）❶，往往需要等效输入阻抗呈略微感性，即输入阻抗相角大于零。为了达到这一目的，其中一种办法是稍微增大工作频率。但是由图 2.5 可见，当提高系统工作频率时，输入阻抗的阻抗相角不一定大于零，这与负载大小有关。从图 2.4 的变化趋势可以看出，当归一化负载电阻在 4~5 之间时，输入阻抗在谐振频率附近有较好的稳定性。

---

❶ 零电压导通即是在开关管开通时，使其两端电压差为零，从而在开通瞬态时，开关管上的电压与电流积分为零，令开通损耗降至最低。

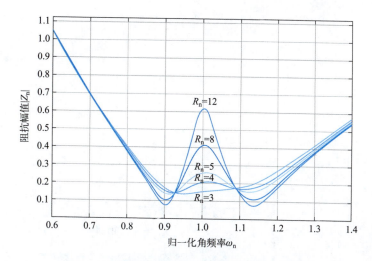

图 2.4 S-S 拓扑结构归一化输入阻抗幅值与频率关系图

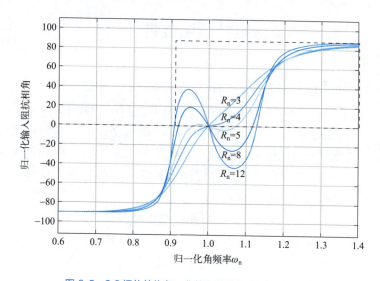

图 2.5 S-S 拓扑结构归一化输入阻抗相角与频率关系图

图 2.6 为输出电流增益 $[G(\omega_n) = I_s/U_{AB}]$ 随频率变化图。从图中可见,在谐振频率时,系统的输出电流不随负载变化而变化,呈现恒流源的特性。当工作频率在谐振频率附近波动时,归一化负载电阻在 3~4 时,输出电流增益比较稳定。因此,若采用 S-S 拓扑结构时,在设计线圈组结构过程中,应该同时考虑归一化负载电阻的取值。

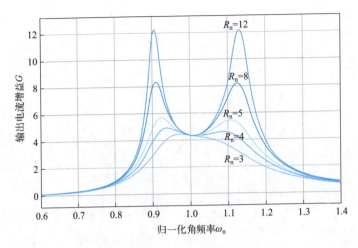

图 2.6 S-S 拓扑结构输出电流增益频率特性

2.3 LCC-LCC 谐振补偿电路特性

LCC-LCC 拓扑结构是由文献［1］提出的一种谐振补偿电路拓扑，其本质为 LCL 电路的改进。由于在 LCL 电路中，补偿电感要与线圈组电感一致，但实际应用中，线圈组电感往往比较大，这会导致补偿电感的感值也很大，不利于其集成到电路板中。因此，需要用一个电容与线圈组串联，其目的为降低补偿电感的感值，从而可以直接将补偿电感集成于电路板之中。

图 2.7 为 LCC-LCC 拓扑结构电路图，其中 L_1、L_2 分别是发射和接收线圈组自感，C_1、C_2 是与线圈串联的补偿电容，L_{f1}、L_{f2} 分别为发射端和接收端的补偿电感，C_{f1} 在发射端与 L_{f1}、L_1、C_1 组成 T 形谐振网络，C_{f2} 在接收端与 L_{f2}、L_2、C_2 组成 T 形谐振网络。

当 LCC-LCC 处于谐振工作状态时，电路中的补偿元件满足以下关系：

$$\omega_0 = \frac{1}{\sqrt{L_{f1}C_{f1}}}, \quad \omega_0 = \frac{1}{\sqrt{L_{f2}C_{f2}}}, \quad \omega_0(L_1 - L_{f1}) = \frac{1}{\omega_0 C_1},$$

$$\omega_0(L_2 - L_{f2}) = \frac{1}{\omega_0 C_2} \tag{2.9}$$

利用变压器接收端等效原理，可以得到 LCC-LCC 在满足谐振条件

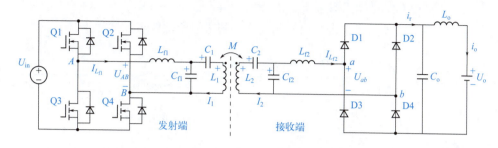

图 2.7 LCC-LCC 拓扑结构电路图

下，发射线圈组中的电流 I_1 与负载大小无关，为恒流特性，这意味着 LCC-LCC 能实现发射端和接收端解耦，简化系统的控制结构，有利于提高无线电能传输系统的互操作性。此外，LCC-LCC 的输出电流 $I_{L_{f2}}$ 也表现出与负载无关的恒流特性，且与输出电流 U_{ab} 同相，而输入电流 $I_{L_{f1}}$ 与输入电压 U_{AB} 同相，即该拓扑结构在输入端与输出端都能实现单位功率因数。

$$P = \mathrm{Re}(U_{AB} I^*_{L_{f1}}) = \frac{M U_{AB} U_{ab}}{\omega_0 L_{f1} L_{f2}} \qquad (2.10)$$

式（2.10）为 LCC-LCC 拓扑结构的输出功率公式。与式（2.5）对比可知，LCC-LCC 拓扑结构的输出功率不但与谐振腔两端的电压、线圈组之间的互感、谐振频率相关，同时还与拓扑结构中的补偿电感 L_f 有关。因此，可以通过对电路中补偿电感取值进行设计，调节整个系统的输入阻抗，与两端电压进行匹配。除此之外，LCC-LCC 拓扑结构的输出功率与互感成反比，这样能保证线圈组意外的位错或接收线圈组开路时，不会导致发射端短路。

对 LCC-LCC 拓扑结构的电路进行简化，将整流桥及后端动力电池简化为一个电阻，高频逆变电路等效为一个交流电压源，可得如图 2.8 (a) 的简化电路。

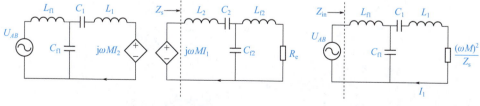

(a) LCC-LCC 拓扑结构简化电路图　　　(b) LCC-LCC 发射端等效输入阻抗示意图

图 2.8 LCC-LCC 拓扑结构简化电路及发射端等效输入阻抗示意图

与 2.2 节 S-S 分析方法类似，引入若干中间变量对 LCC-LCC 拓扑结构的等效阻抗进行归一化处理，其中间变量如表 2.2 所示。

表 2.2 LCC-LCC 归一化中间变量列表

表达式	公式说明
$\lambda_L = \dfrac{L_2}{L_1}$	接收线圈组与发射线圈组自感比值
$\lambda_{L_{f1}} = \dfrac{L_{f1}}{L_1}$	发射端额外补偿电感与发射线圈组电感比值
$\lambda_{L_{f2}} = \dfrac{L_{f2}}{L_2}$	接收射端额外补偿电感与接收线圈组电感比值

当工作频率为谐振频率时，归一化输入阻抗为：

$$Z_{n\_\omega_0} = \frac{\lambda_L R_n (\lambda_{L_{f1}} \lambda_{L_{f2}})^2}{k^2} \tag{2.11}$$

由该式可知，归一化输入阻抗不仅由线圈组之间的耦合系数和负载电阻决定，还与补偿电感 L_{f1} 与 L_{f2} 的取值有关，因此 LCC-LCC 拓扑结构在设计上有更大的自由度。

图 2.9 和图 2.10 所示的是 LCC-LCC 拓扑结构归一化输入阻抗的幅值和相角与频率之间的关系图。与前文的公式推导一致，当系统工作在谐振频率点时，输入阻抗呈纯阻性。由图 2.10 可知，当系统偏离谐振工作点时，随着负载的不一致，其输入阻抗的相角正负也不一样。

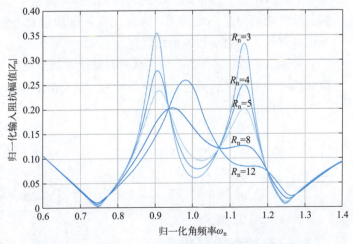

图 2.9 LCC-LCC 拓扑结构归一化输入阻抗幅值与频率关系图

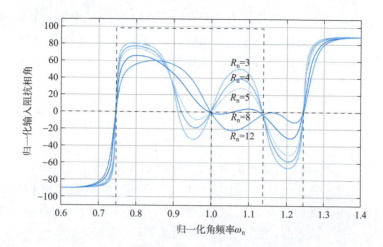

图 2.10 LCC-LCC 拓扑结构归一化输入阻抗相角与频率关系图

因此，无法通过调频方法确保输入阻抗呈感性，令前端的 H 桥逆变电路工作在 ZVS 状态。

2.4 LCC-S 谐振补偿电路特性

图 2.11 所示的是 LCC-S 拓扑结构的电路图。发射端由 L_{f1}、C_{f1}、C_1 与发射线圈组组成 T 形谐振网络，接收端由 C_2 与接收线圈组构成串联谐振腔。

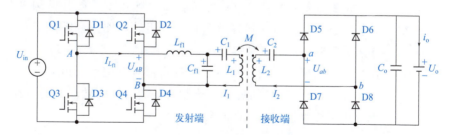

图 2.11 LCC-S 拓扑结构电路图

LCC-S 拓扑结构的谐振条件如下：

$$\omega_0 = \frac{1}{\sqrt{L_{f1} C_{f1}}}, \quad \omega_0 (L_1 - L_{f1}) = \frac{1}{\omega_0 C_1}, \quad \omega_0 = \frac{1}{\sqrt{L_2 C_2}} \quad (2.12)$$

利用变压器等效模型及电路线性叠加原理，可以得到：谐振情况下，

LCC-S 发射线圈组上的电流 I_1 和 LCC-LCC 中的一致,均表现为与负载无关的恒流特性。在接收端,由于采用了串联的谐振补偿电路拓扑,接收线圈组的感抗与补偿电容的容抗相互抵消,因此接收端表现为一个恒压源。

而 LCC-S 的输出功率为:

$$P = \text{Re}(U_{ab}I_2^*) = \frac{U_{AB}MI_2}{L_{f1}} \quad (2.13)$$

式中,I_2^* 为系统输出电流共轭。

同前两节 S-S 及 LCC-LCC 的分析方法一致,将 LCC-S 的拓扑结构电路做相应的简化,得如图 2.12(a)所示的简化电路。当系统工作在谐振状态时,归一化输入阻抗为:

$$Z_{n\_\omega_0} = \frac{\lambda_{L_{f1}}^2}{k^2 \lambda_L R_n} \quad (2.14)$$

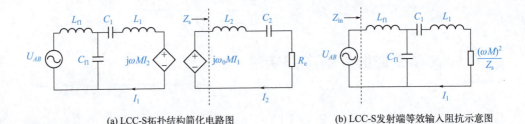

(a) LCC-S 拓扑结构简化电路图　　　(b) LCC-S 发射端等效输入阻抗示意图

图 2.12　LCC-S 拓扑结构简化电路及发射端等效输入阻抗示意图

由式(2.13)和式(2.14)可知,当 LCC-S 拓扑结构电路工作在谐振状态时,其输入端等效阻抗为纯阻性,能保证系统工作于单位功率因数区间。同时,其等效输入阻抗和输出功率均可以由 L_{f1} 的值进行调整,为系统匹配设计提供了设计自由度。因此,LCC-S 可以看作介于 S-S 和 LCC-LCC 的折中,既保留了功率和等效阻抗的调整自由度,也减少了接收端谐振元件的数量。

2.5　三种补偿电路拓扑参数变动时传输特性比较

本章前几节分别介绍了 S-S、LCC-LCC 以及 LCC-S 三种不同的谐振补偿电路拓扑结构在额定工况的电路特性。从输出特性层面看,S-S

和 LCC-LCC 都是恒流源输出，比较适合直接对动力电池进行恒流充电。而 LCC-S 则相当于一个恒压源，在最后加入一级 DC/DC（直流/直流）变换电路就能实现恒流输出。在输入特性上，S-S 和 LCC-LCC 由于恒流输出特性，输入阻抗与负载电阻成反比。LCC-S 由于是恒压输出特性，其输入阻抗与负载阻抗成正比。

为了进一步比较三种拓扑结构在线圈组位错情况下的传输特性，本节将以方形线圈组为例，分析该线圈组在搭配不同的谐振网络下的功率及效率随线圈组位错的变化特性。此方形线圈的最大边长为 200mm，匝数为 15 匝，每匝间距为 10mm；而单个铁氧体条的尺寸为 140mm×30mm×10mm，铁氧体条呈圆周阵列分布。模型中发射与接收线圈组的垂直距离为 150mm，两个线圈组均采用同样的线圈结构。通过 Comsol 有限元仿真软件可以得到该线圈组沿中心线方向水平偏移 150mm 的自感及互感变化值。

定义功率变化系数 PVF 为：

$$\text{PVF} = \frac{P'_n}{P_n} = \frac{|Z_n|}{|Z'_n|} \cos\varphi \tag{2.15}$$

式中，P_n 和 P'_n 分别是额定工况下以及存在线圈组参数偏移情况下的归一化输入功率；Z_n、Z'_n 则分别是额定工况下以及存在线圈组参数偏移情况下的归一化等效输入阻抗；$\cos\varphi$ 为输入的功率因数。

将有限元仿真得到的不同位错情况下的线圈组自感及互感值代入式（2.15），可得如图 2.13 所示的变化曲线。

图 2.13 中的结果是基于 $\lambda_{L_f} = k$，$R_n = 1/k$ 的前提之下所得。在此前提下，不同拓扑结构的输入和输出电压都一致，且 LCC-S 与 LCC-LCC 两种拓扑结构的等效输入阻抗相同。因此，在图 2.13 中，LCC-LCC 与 LCC-S 的 PVF 变化曲线完全重合。而对于 S-S，其 PVF 随着水平位错的增大而增加，这一特性会导致在大位错情况下，发射端的电流过大，从而引起较大的功率损耗，严重的情况会导致元器件烧坏。而 LCC-LCC 和 LCC-S 拓扑结构在水平位错 80mm 以内 PVF 可以保持在 0.8 左右，但是在更大的位错情况下其 PVF 会下降至 0.3。因此，在实际的应用过程中，需要在电路中加入闭环功率调节模块，使得系统能够在不同的位错条件下输出稳定的功率。

此外，为了进一步对比三种不同拓扑结构在位错情况下的传输性能，本节利用 LTspice 电路仿真软件对三种不同拓扑结构在不同位错条件下

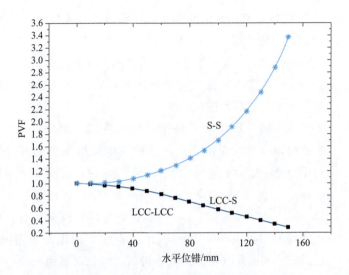

图 2.13 不同拓扑结构的 PVF 变化曲线

的 DC/DC 传输效率进行了仿真分析。为了保证每一个位错点的比较相对公平，在同一个位错点中，通过调节不同的直流输入电压，使得系统的输入功率保持在 6kW。该仿真系统考虑的器件寄生参数如表 2.3 所示。值得注意的是，由于 LCC-LCC 与 S-S 均为电流源输出特性，因此负载设置为 300V 的直流电压负载；而 LCC-S 为电压源输出特性，因此仿真中采用 14.5Ω 的纯电阻作为负载。

表 2.3　电路仿真中器件寄生参数列表

项目	参数/Ω
发射线圈组寄生电阻 R_{L_1}	0.50
接收线圈组寄生电阻 R_{L_2}	0.50
发射端补偿电感寄生电阻 $R_{L_{f1}}$	0.15
接收端补偿电感寄生电阻 $R_{L_{f2}}$	0.15
发射端直流电压源内阻	0.05
直流输入端并联电容寄生电阻 R_{C_p}	0.10
直流输出端并联电容寄生电阻 R_{C_s}	0.01

如图 2.14 所示，S-S 拓扑结构在线圈完全对准的情况下效率最高，这是由于该系统内的补偿元件较少，因此补偿元件上的寄生电阻的损

耗也少。但是当线圈组存在较大的水平位错时，由于线圈组之间的耦合系数较低，导致 S-S 拓扑结构发射端的电流会急剧上升，同时线圈组的自感也会发生一定的偏移，导致系统出现失谐的状态。这两方面都会使得整个系统的传输效率有较为明显的下降。LCC-LCC 与 LCC-S 相比，在较小位错的情况下，由于 LCC-S 的补偿元件比 LCC-LCC 少，因此 LCC-S 的传输效率更高。但是当线圈存在较大位错的情况下，由于 LCC-S 的接收端用的是 S 的补偿结构，在系统处于失谐状态下，会对传输效率产生更大的影响。总体而言，虽然 LCC-LCC 拓扑结构的整体传输效率不高，但是随线圈组位错产生的效率波动最小。

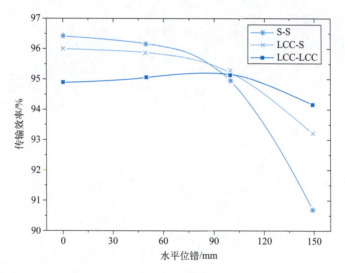

图 2.14　不同拓扑结构的传输效率变化曲线

本章小结

本章主要介绍了三种在电动汽车无线充电系统中常用的谐振补偿电路拓扑结构，即 S-S、LCC-LCC 以及 LCC-S，并从电路建模的角度分别对三种谐振补偿电路拓扑结构的谐振条件以及输出特性进行分析。最后，利用有限元仿真以及电路仿真软件得到三种不同谐振补偿电路拓扑结构在线圈组存在水平位错时的输出功率和传输效率的变化情况。经对比分析可得，LCC-S 是兼顾系统抗偏移能力以及系统传输效率的一种折中的谐振补偿电路拓扑结构。

参考文献

[1] Li S, Li W, Deng J, et al. A Double-Sided LCC Compensation Network and Its Tuning Method for Wireless Power Transfer[J]. IEEE Transactions on Vehicular Technology, 2015, 64: 2261-2273.

第 3 章

无线充电系统磁能线圈组设计

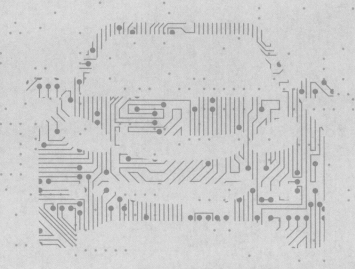

磁能线圈组是无线充电与有线充电方式最大的不同之处，其设计与优化是无线充电系统中最为关键的部分，磁能线圈组是车载无线充电系统中传递大功率能量的主要装置，因此它的结构将直接决定整个系统的输出功率和传输效率。同时，发射与接收磁能线圈组之间是依赖空间交变磁场实现能量无线传递的，因此磁能线圈组还决定着在空间中的磁场分布，其中包括工作区域中的磁场分布以及周围环境中的漏磁分布。此外，由于实际应用中人为停车使得车载无线充电系统工作中发射与接收磁能线圈组之间存在服从一定概率分布的相对位错，因此磁能线圈组在位错情况下的传输特性更应该引起设计者的关注。本章将重点介绍几种典型磁能线圈组结构，并分析比较其在不同位错情况下的传输特性。

3.1 磁能线圈组基本概况

目前，磁感应式无线充电系统在实际工程应用中主要可以分为两大类。

第一类是基于发射线圈是一段长的轨道回路的无线电能传输。这种无线充电方式多用于工业中的物料无人搬运车（AGV）上。这种模式下的发射线圈为了节省成本和加强驱动能力，在发射端的长轨道回路中一般不加入其他的磁性材料（如铁氧体）。但是在接收端，由于搬运车辆都是严格按照规定路径进行搬运工作，即接收线圈与发射轨道之间的相对位置变动很小，因此可以在接收线圈上加入特定形状的磁性材料，从而提高发射与接收线圈之间的耦合效率，如图 3.1 所示[1]。

第二类就是基于集中线圈的无线电能传输。相比于线圈导轨式的无线充电，线圈集中式的无线充电应用更为广泛，从小功率的消费电子产品到大功率的电动汽车无线充电，都能应用线圈集中式无线充电。如图 3.2 所示，典型的磁能线圈组（包括线圈和磁屏蔽层）结构通常包括四部分：

① 用利兹线（Litz，一根导体由多根独立绝缘的导体绞合或编织而成）绕成的导电线圈。采用利兹线可以有效降低在高频激励下导线内由于趋肤效应和邻近效应所带来的阻值增加。

② 为了提高耦合系数和减少磁场泄漏的铁氧体层。铁氧体层是磁

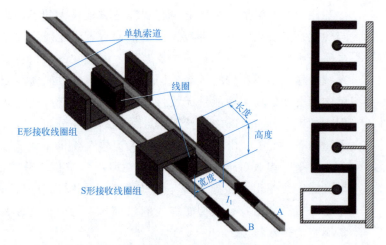

图 3.1 接收线圈组 E 形和 S 形磁芯示意图

能线圈组中重要的组成部分,它的布置方式与位置对磁能线圈组的传输性能有较大的影响。图 3.2 所示的是条形铁氧体的环状布置方式,此外也可以用密铺铁氧体块或者其他异形铁氧体结构。对磁芯设计的讨论将会在第 4 章展开。

图 3.2 线圈集中式无线充电系统磁能线圈组结构

③ 用于固定铁氧体层位置的支撑层,通常为有机玻璃或者塑料材料(电导率和磁导率都很低)。由于铁氧体是陶瓷材料,其力学性能较差,容易断裂,因此需要额外加入支撑保护层,确保铁氧体磁芯在汽车行驶颠簸下仍然不被损坏。

④ 用于进一步限制漏磁场的铝板层。为了进一步对磁能线圈组工作区域外的漏磁场作屏蔽,铝板层可将绝大部分的漏磁通转化为涡流场,确保无线电能传输非工作区域不存在电磁干扰问题。

基于线圈导轨式的无线充电系统适用于充电对象沿固定轨道运行的动态无线充电场合。与线圈导轨式无线充电相对位置被严格约束相比,线圈集中式的无线充电需具有更好的容错性,发射线圈组与接收线圈组均需在 X、Y、Z 方向存在一定偏移的情况下正常工作。

基于线圈集中式的磁感应无线充电系统能够在 100～300mm 的空气间隙下高效地传输较大的功率，更加适合于电动汽车静态无线充电的场合。因此，本章将主要关注集中式线圈组的设计与研究。

3.2 单极磁能线圈组的分类

迄今为止，比较常见的单极磁能线圈组有圆形线圈组、方形线圈组[2-4]。如图 3.3 和图 3.4 所示，方形和圆形线圈组的空间磁场分布与 E 形铁芯变压器类似，主要磁路是从结构中心向外发射。

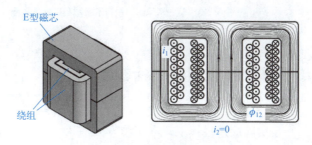

图 3.3　E 形铁芯变压器示意图及磁场分布图

图 3.4　方形线圈组空间磁场分布

香港大学的 Qiu 和 Chau 等人对变线距的方形线圈组的空间磁场进行了分析，并且得到比等线距线圈组更加均匀的磁场，这有利于提高线圈组的抗偏移能力[5]。图 3.5 为变线距方形线圈组的模型示意图及其空间磁场分布仿真图。

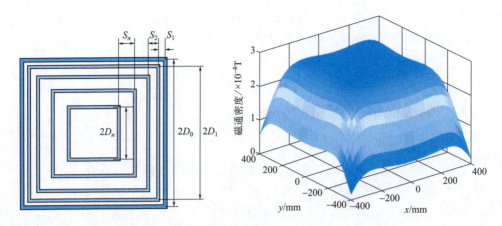

图 3.5 变线距方形线圈组设计示意图及磁场仿真图

3.3 单极磁能线圈组位错传输特性

在实际应用过程中,汽车泊车往往存在一定的误差,因此对于电动汽车无线充电系统而言,仅仅考虑在两个线圈完全对准情况下的传输性能并不足够,还需要对两线圈之间存在不同类型的位错时的传输特性进行分析。本节将针对圆形和方形两种典型几何结构的线圈组的位错传输特性展开介绍。

如图 3.6 所示,圆形线圈在实际应用中大部分存在水平偏移位错以及倾斜偏移位错两种情况。水平偏移位错是发射与接收线圈仍然保

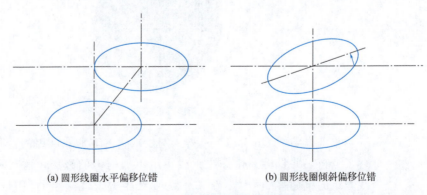

(a) 圆形线圈水平偏移位错　　　　(b) 圆形线圈倾斜偏移位错

图 3.6 圆形线圈偏移位错示意图

持相互平行，仅仅是在水平位置上发生偏移。这是泊车过程中最常见的一种位错情况。倾斜偏移位错则是接收线圈以某一直径为轴心，绕此轴心倾斜使得发射与接收线圈两个平面存在一定的夹角。这是模拟停车位置路面不平整，使得汽车局部被撑起或下陷。

而对于方形线圈而言，位错的情况会比圆形线圈稍微复杂。如图 3.7 所示，方形线圈的位错情况主要可以分为四种，分别是：沿着接收线圈平面对角线平移的水平偏移位错 1，沿着接收线圈平面中心线平移的水平偏移位错 2，沿着与接收线圈平面垂直的中心线的旋转偏移位错，沿着接收线圈平面中某一轴线的倾斜偏移位错。

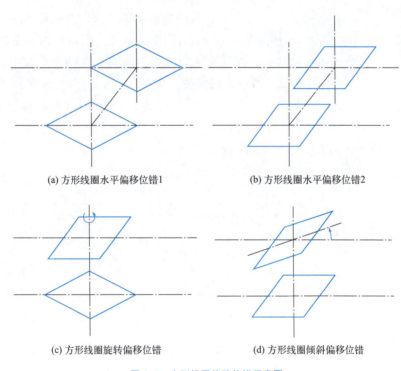

(a) 方形线圈水平偏移位错1　　　　(b) 方形线圈水平偏移位错2

(c) 方形线圈旋转偏移位错　　　　(d) 方形线圈倾斜偏移位错

图 3.7　方形线圈偏移位错示意图

表 3.1 为本节位错传输特性分析的磁能线圈设计参数。首先对本节中的位错传输特性分析作以下几点基本设定：①此分析并未加入磁屏蔽层；②发射与接收线圈之间的垂直距离为 200mm；③发射线圈的尺寸、匝数、匝距与接收线圈相同；④为了保持同样线圈欧姆阻值，方形线圈与圆形线圈的周长相同。

表 3.1　方形与圆形线圈的设计参数

项目	圆形线圈	方形线圈
最大半径/mm	300	—
最大边长/mm	—	471.24
匝距/mm	10.907	8.617
匝数/匝	17	17

3.3.1　方形线圈的水平偏移位错

图 3.9（a）、(b)、(c) 分别表示方形接收线圈沿着图 3.8（a）所示的 OA、OB、OC 三条路径［图 3.8（a）所示平面为 $z=200\mathrm{mm}$ 接收线圈所在平面］进行偏移后得到的互感变化情况，其中星号代表的是有限元仿真计算得到的数值。从图 3.9（a）、(b)、(c) 可知，接收线圈的水平偏移范围为 0～250mm。在 0～75mm 的偏移情况下，线圈之间的互感变动不大，仍然能维持与对准情况下相当的水平。但是当水平偏移大于 75mm 时，两线圈的互感将产生明显的下降；当偏移达到 250mm 时，两线圈之间的互感值下降约 60%。

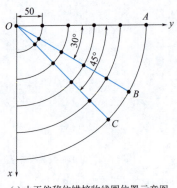
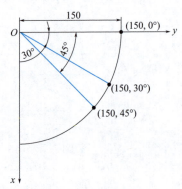

(a) 水平偏移位错接收线圈位置示意图　　(b) 复合偏移位错接收线圈位置示意图

图 3.8　接收线圈偏移位错位置示意图

进一步对比图 3.9（a）、(b)、(c) 可以发现，当接收线圈沿着不同路径进行水平偏移时，互感变化的趋势和数值基本一致，即线圈之间的互感对不同路径的水平偏移不敏感。由此可以推断，方形线圈空间磁场分布的非柱面对称性对线圈之间的传输特性影响不大。

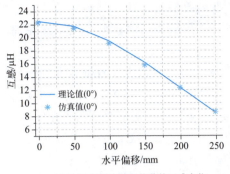
(a) 沿与y轴重合路径偏移的互感变化

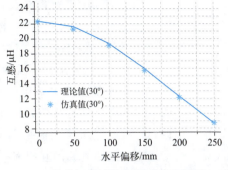
(b) 沿与y轴30°的路径偏移的互感变化

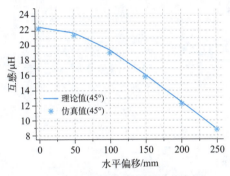
(c) 沿与y轴45°的路径偏移的互感变化

图 3.9　方形线圈在水平偏移位错下的互感变化

3.3.2　圆形与方形线圈倾斜偏移位错

下面讨论方形线圈存在倾斜偏移位错情况下的互感变化情况。图 3.10（a）、（b）是方形线圈沿着不同轴线产生倾斜偏移位错的互感变化结果。由于实际应用中，汽车泊车时路面不平整导致的倾斜角度一般不大，因此考虑的倾斜角度范围为 5°～30°。根据图 3.10（a）、（b）结果可以得知，当方形线圈存在倾斜偏移位错时，互感会略微地增大。倾斜角度从 5°～30°变化时，互感增加约 10%。当倾斜角度在 15°以内时（实际大概率出现的情况），互感基本保持不变，只有不到 2% 的变动。因此可以推断，方形线圈在小角度倾斜偏移位错的情况下对互感的影响不大。

单独对比方形线圈在沿着不同轴线倾斜相同角度时的互感值可以发现，方形线圈在沿着不同轴线倾斜时，对互感产生的影响不大。进一步分析可知，方形线圈沿不同轴线倾斜的实质是接收线圈对不同轴向的磁感应强度进行面积分配。假若最后得到的互感值相差无几，则可以进一步推断方形线圈所激励的空间磁场的磁感应强度虽然在周向不完全对称，但是差别并不大。

图 3.10（c）是圆形线圈在沿着自身水平面中任意轴线发生倾斜偏移位错时的互感变化结果。与方形线圈相似，随着倾斜的角度增大，线圈之间的互感也会随之增加，但是增加的幅度不大。尤其在倾斜 15°以内，线圈之间的互感基本不变。由此可知，无论是圆形线圈还是方形线圈，线圈之间的互感对倾斜偏移位错产生的影响不敏感。

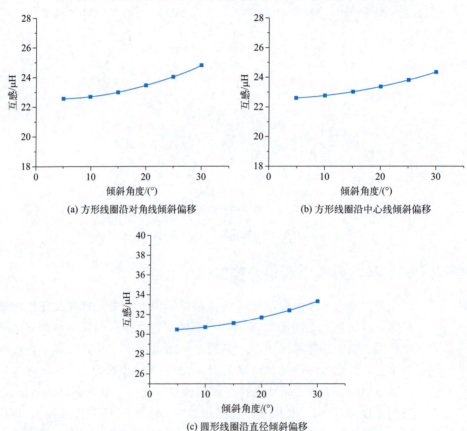

图 3.10　空气域中圆形与方形线圈倾斜偏移位错传输性能

3.3.3　方形线圈的复合偏移位错

考虑方形接收线圈同时存在旋转偏移位错和水平偏移位错情况下线圈的互感变化情况如表 3.2 中所示，方形接收线圈将在（150，0°）、

(150，30°)、(150，45°)三个不同的位置绕与自身平面垂直的中心轴线旋转45°。图3.8（b）所示的是 $z=200\text{mm}$ 接收线圈所在平面的示意图，其中的三个黑点是代表接收线圈中心所在的三个位置，其极坐标分别为（150，0°）、（150，30°）、（150，45°）。

对表3.2中同一坐标点不同旋转角度的线圈之间的互感进行比较，发现接收线圈从0°旋转到45°对线圈之间的互感影响不大，而在同一旋转位置下比较线圈在不同水平位置的互感，也可以发现方形线圈之间的互感对不同的接收线圈水平位置不敏感。

表3.2 接收线圈复合偏移位错下的互感变化

旋转角度/(°)	中心坐标		
	(150, 0°)	(150, 30°)	(150, 45°)
0	16.13	16.14	16.15
15	16.15	16.16	16.16
30	16.17	16.18	16.17
45	16.19	16.19	16.19

3.3.4 多磁屏蔽层方形与圆形磁能线圈组抗水平位错能力比较

为了更好地对线圈传输特性进行阐述，此处定义"线圈"是指仅由铜导线绕制的平面线圈部分，而"线圈组"是指由线圈和磁屏蔽层共同组成的整个线圈结构。为了探讨多磁屏蔽层的方形与圆形线圈组对水平偏移位错的容错能力，本案例将从实际线圈组结构出发，如图3.11（c）为多磁屏蔽层线圈组结构示意图。磁屏蔽层一共包括三部分：①条形铁氧体磁屏蔽层（简称铁氧体层）；②用于对条形铁氧体限位的亚克力塑料支撑层；③铝板磁屏蔽层（简称铝板层）。具体的线圈组设计参数如表3.3所示。实物模型中所采用的铁氧体是室温下相对磁导率为3300的I型磁芯。而最外层的金属板层则采用电导率为 $3\times10^7\text{S/m}$、相对磁导率为1的铝板。由图3.12（a）、（b）、（c）中可以看出，在水平偏移达到100mm之前，线圈组之间的互感值下降比较缓慢。因此，合适的接收线圈中心偏移区域（无线充电工作区域）应该是距离发射线圈中心100mm的圆形区域内。

(a) 圆形线圈组实物模型　　　　　(b) 方形线圈组实物模型

(c) 多磁屏蔽层线圈组结构示意图

图 3.11　多磁屏蔽层线圈组实物模型及结构示意图

表 3.3　方形线圈组与圆形线圈组样机设计参数列表

线圈组参数	圆形线圈组	方形线圈组
最大半径/mm	300	—
最大边长/mm	—	600
匝距/mm	10.792	10.792
匝数/匝	17	17
线圈与磁屏蔽层的距离/mm	3	3
条形铁氧体磁屏蔽层厚度/mm	5	5
铝板磁屏蔽层厚度/mm	5	5
亚克力塑料支撑层厚度/mm	6	6

当接收线圈从对准位置偏移到 250mm 位置处，单磁屏蔽层的线圈结构具有更好的容错能力，多磁屏蔽层的互感下降幅度最大。这是由于当线圈偏移时，漏磁通不断增多，在铝板上产生的涡流磁场也增大，而这部分涡流磁场的磁场方向与激励磁场的磁场方向相反，产生抵消作用，因此会使得互感下降的速度更快。从线圈几何形状角度看，方形线圈在偏移情况下互感下降的百分比比圆形线圈小，因此方形线圈具有更佳的水平偏移容错能力。值得注意的是，当铝板磁屏蔽层加入后，线圈组之间的互感产生明显的下降，甚至低于空气域的情况。这是由于大量漏磁通在铝板上产生反向磁场，抵消了原来的激励磁场，

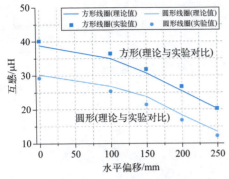
(a) 空气域中互感随水平偏移的下降趋势

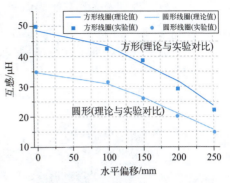
(b) 单磁屏蔽层中互感随水平偏移的下降趋势

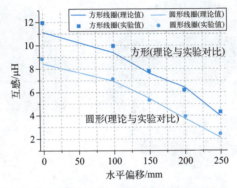
(c) 多磁屏蔽层中互感随水平偏移的下降趋势

图 3.12 不同线圈组结构的互感随水平偏移的下降趋势

从而使线圈组的自感和互感明显下降。因此，对条形铁氧体磁屏蔽层的设计是整个线圈组设计至关重要的步骤。

3.4 双 D 线圈组位错传输特性

3.4.1 双 D 线圈组的基本传输特性

如图 3.13 所示的是三种典型线圈组（方形线圈组、螺线管线圈组、双 D 线圈组）的空间磁场分布图。图中，三种不同的线圈组结构都分别以 20A 的正弦时变电流激励，而且三个圆形的求解域半径均相同。从图中可以看出，方形线圈组所激发的空间磁场是由线圈中心往四周放射状分布；螺线管线圈组的磁场分布则与磁铁类似，从右端的北极出发，最后聚拢到左端的南极。双 D 线圈组其结构主要包括两个并列放置的方形线圈以及在线圈底下沿双 D 线圈长边布置的条形铁氧体磁屏蔽层。工作时，双 D 线圈中的两个方形线圈分别通以反向的电流，从而可以模拟传统磁铁的南北两极，为空间磁通量提供低磁阻磁回路。

如图 3.13（c）所示，双 D 线圈组的磁场分布则呈现单侧的磁铁型

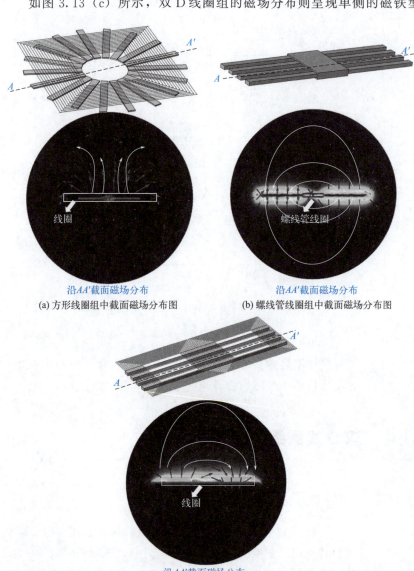

(a) 方形线圈组中截面磁场分布图　　(b) 螺线管线圈组中截面磁场分布图

(c) 双D线圈组中截面磁场分布图

图 3.13　三种典型线圈组结构磁场分布图

磁场分布,直观上可以看作下半部分的磁通由于条形铁氧体磁屏蔽层的作用,对称镜像到了上半部分,并与上半部分的磁通量叠加。因此,双 D 线圈组可以在单侧获得更大的磁场强度,同时尽量减少在另一侧的磁场泄漏。与螺线管线圈组相比,双 D 线圈组这种磁场分布特性更加适合电动汽车无线电能传输的应用场合。与方形线圈组相比,双 D 线圈组在单侧的磁场分布明显比方形线圈组强(在线圈上方双 D 线圈组的磁通量更密集)。因此,双 D 线圈组具有更好的抗位错能力。此外,双 D 线圈组也有较高的品质因数,可以进一步地提高传输效率。两个耦合双 D 线圈组之间磁场耦合分布区域如图 3.14 所示。其中,中间部分为两个线圈组之间主要的互耦合区,对两个线圈组之间的耦合系数影响最大。而分布在发射线圈组边缘的自耦合区对线圈组之间的耦合系数贡献不大,但会影响线圈组附近空间漏磁场的约束问题。因此,合理控制两个线圈组之间的互耦合区及自耦合区的大小将是线圈设计的一个重点。

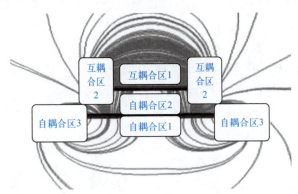

图 3.14 双 D 线圈组耦合磁场分布截面图

双 D 线圈组有一个特殊的传输特性,其对沿着双 D 线圈短边方向偏移的容错能力比其沿着长边方向偏移的容错能力要好。尤其当接收和发射线圈组尺寸大小相当时,接收线圈组沿长边方向水平偏移到一定距离会出现传输的死区(即线圈组之间的互感接近 0)。如图 3.15 所示,当发射线圈组和接收线圈组正对时,发射线圈组产生的磁通由接收线圈组的左半 D 线圈流进,右半 D 线圈流出,此时接收线圈组的磁通净通量不为 0。当接收线圈组偏移一定位置时,发射线圈组产生的磁通基本从接收线圈组的左半 D 线圈流进和流出,此时接收线圈组上的净通量接近 0,因此产生的感应电压也很小。

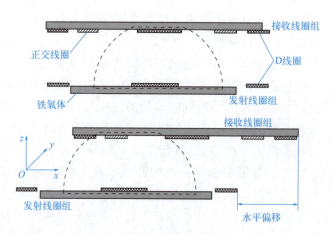

图 3.15 双 D 线圈组传输死区示意图

为了改进此缺点,需要在接收线圈组每个 D 线圈中心位置对应的铁氧体区域加入螺线管线圈,也称为正交补偿线圈。文献 [6] 将这种线圈结构称之为 DDQ 线圈组(双 D 正交补偿线圈组),其结构示意图如图 3.16 所示。从图 3.17 中可以看出,双 D 线圈组在水平偏移(沿铁氧体长边方向)到 200mm 时,其互感值低于方形线圈组,但是加入了正交补偿线圈之后,DDQ 线圈组在 0~250mm 水平偏移情况下的整体互感值均在双 D 线圈组和方形线圈组之上。由此可得,DDQ 线圈组能够有效地改善双 D 线圈组在沿其长边方向的水平偏移位错下存在传输死区的缺点。

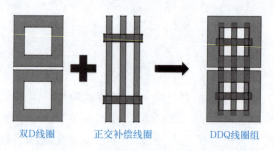

图 3.16 双 D 正交补偿线圈组示意图

3.4.2 三种不同双 D 线圈组结构的传输特性比较

图 3.18 所示为三种不同的双 D 线圈组结构示意图。图中所列举的三种结构均具有相近的线圈面积和铁氧体面积,且其自身自感也相近

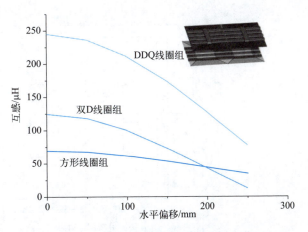

图 3.17 不同线圈结构抗偏移传输特性比较图

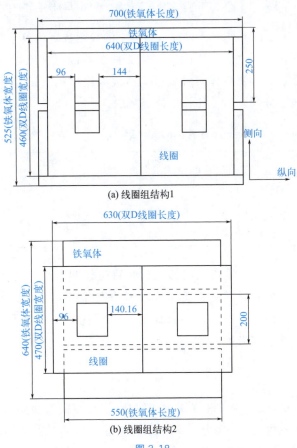

图 3.18

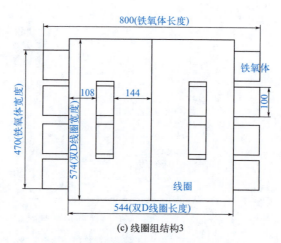

(c) 线圈组结构3

图 3.18 三种不同双 D 线圈组结构示意图

(铝板层省略，其长宽与铁氧体层相同，厚度为 4mm)

(表 3.4)。其中，线圈组结构 1 的线圈长宽均处于条形铁氧体磁屏蔽层覆盖范围之内，线圈组结构 2 的线圈的纵向（沿铁氧体长边方向）尺寸比条形铁氧体磁屏蔽层大，线圈组结构 3 的线圈的侧向（沿铁氧体短边方向）尺寸比铁氧体屏蔽层大。

表 3.4 三种不同双 D 线圈组基本参数

项目	结构 3	结构 1	结构 2
线圈面积/mm^2	264774	266880	300816
铁氧体体积/mm^3	3300000	3500000	3200000
线圈组自感/μH	71.0	69.9	69.6

磁能线圈组之间的耦合系数是线圈设计过程中最重要的参数，它代表着发射与接收线圈组之间的耦合程度。对于给定的空间间隙，更大的耦合系数可以在给定的发射端视在功率情况下传输更大的功率。其基本定义如下：

$$k = \frac{M}{\sqrt{L_p L_s}} \tag{3.1}$$

式中，L_p 为发射线圈组的自感；L_s 为接收线圈组的自感；M 为两个线圈组之间的互感。

另一方面，空间漏磁场也是无线电能传输系统的重要性能指标，它直接影响着系统的传输效率以及对周围生物的安全问题。根据 SAE J2954[7] 的定义，针对线圈周围的漏磁测量平面应为距离接收线圈中心 800mm 外的垂直于地面的平面（图 3.19 的 X 和 Y 方向）。800mm 主要是考虑到普通的轿车宽度一般为 1500mm，在此基础上增加 100mm 的空间然后除以 2，作为测量平面的设置距离。其中，沿铁氧体条长边方向的漏磁场定义为纵向漏磁场，沿铁氧体条短边方向为侧向漏磁场，如图 3.18 所示。

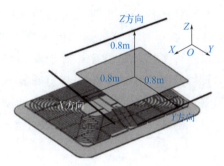

图 3.19 空间漏磁场测量平面示意图

由图 3.20 可知，在相同的线圈面积及铁氧体层面积情况下，不同的线圈和铁氧体层长宽比会导致较大的磁场泄漏以及耦合系数的差异。结构 1 具有适中的耦合系数和较低的漏磁场，结构 2 具有较高的耦合系数但是存在较大的漏磁场，而结构 3 则是具有最低的漏磁场但是耦合系数也相对较低的磁能线圈组结构。总结而言，如图 3.15 所示，双 D 线圈组的磁力线沿 xOz 平面形成闭合磁回路，因此，沿着纵向的铁氧

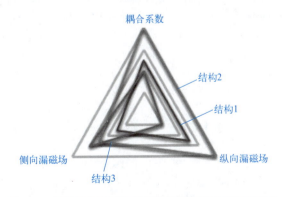

图 3.20 三种不同双 D 线圈组结构性能比较（见书后彩插）
（图中性能指标均在线圈组垂直距离为 140mm、水平偏移位错纵向 100mm、侧向 75mm 下获得）

体尺寸比线圈尺寸长会增大自耦合区3（如图3.14所示），从而导致耦合系数的下降，但是可以有效降低纵向的漏磁场。对于侧向漏磁场，并不是铁氧体层尺寸比线圈尺寸越大越好，存在最优的尺寸比例，如结构1。关于双D线圈组的传输性能分析详细可参考文献[8]。

本章小结

本章主要介绍了在电动汽车无线充电系统中几种典型的磁能线圈组结构。根据线圈部分的数量，可以将线圈分为单极线圈和双极线圈（双D线圈）。本章着重分析了两种典型单极线圈（圆形与方形线圈）在不同位错条件下的传输特性。对于双D线圈组，本章着重介绍其基本工作原理以及其产生的空间磁场分布特点。此外，通过对三种不同几何结构的双D线圈组比较分析，可知线圈的不同几何尺寸对其耦合能力以及空间漏磁的影响。

参考文献

[1] Huh J, Lee S W, Lee W Y, et al. Narrow-Width Inductive Power Transfer System for On-line Electrical Vehicles[J]. IEEE Transactions on Power Electronics, 2011, 26: 3666-3679.

[2] Luo Z, Wei X. Analysis of Square and Circular Planar Spiral Coils in Wireless Power Transfer System for Electric Vehicles[J]. IEEE Transactions on Industrial Electronics, 2018, 65: 331-341.

[3] Budhia M, Covic G A, Boys J T. Design and Optimization of Circular Magnetic Structures for Lumped Inductive Power Transfer Systems[J]. IEEE Transactions on Power Electronics, 2011, 26: 3096-3108.

[4] Bosshard R, Iruretagoyena U, Kolar J W. Comprehensive Evaluation of Rectangular and Double-D Coil Geometry for 50 kW/85 kHz IPT System[J]. IEEE Journal of Emerging and Selected Topics in Power Electronics, 2016, 4: 1406-1415.

[5] Qiu C, Chau K T, Liu C, et al. Modular inductive power transmission system for high misalignment electric vehicle application[J]. Journal of Applied Physics, 2015, 117: 17B528.

[6] Budhia M, Boys J T, Covic G A, et al. Development of a Single-Sided Flux Magnetic Coupler for Electric Vehicle IPT Charging Systems[J]. IEEE Transactions on Industrial Electronics, 2013, 60: 318-328.

[7] Wireless Power Transfer for Light-Duty Plug-in/Electric Vehicle and Alignment Methodology[S]. SAE TIR J2954_201906, 2019.

[8] Luo Z, Wei X, Pearce M G S, et al. Multiobjective Optimization of Inductive Power Transfer Double-D Pads for Electric Vehicles[J]. IEEE Transactions on Power Electronics, 2021, 36: 5135-5146.

第 4 章

磁能线圈组磁芯特性

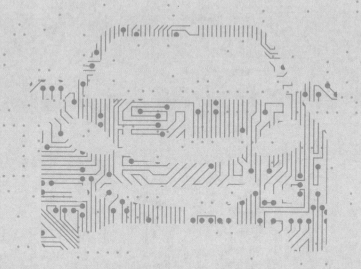

第 3 章中对含铁氧体、铝板层的磁能线圈组传输特性进行了分析，但由于传输功率等级较低，且对于铁氧体的体积厚度要求不高，因此铁氧体磁芯各个工作位置在磁能线圈组中基本都处于低磁场强度的近似线性区域，在这部分工作中对其相对磁导率都简化处理，即假设为恒定不变的常数。实际上，铁氧体材料具有磁饱和和磁滞特性，磁场强度和磁感应强度之间具有非线性的本构关系，这意味着随着外部磁场强度的不同，铁氧体的相对磁导率也随之发生变化，同时，在不同的工作温度下，铁氧体的自身参数也会有所变动。

随着车载无线充电功率等级需求的不断提高，磁能线圈组的功率密度也逐渐提高，这将给车载无线充电的铁氧体磁芯带来磁饱和等非线性问题，因此本章将从磁性材料本身特性出发，分析铁氧体存在的非线性问题，介绍对应的优化解决方案与实例分析。

4.1 磁性材料介绍

4.1.1 磁性材料的定义与分类

广义而言，磁性材料是一种能对磁场作出某种特殊反应的材料。实验表明，任何物质在外磁场中都能够或多或少地被磁化，只是磁化的程度不同。根据物质在外磁场中表现出的磁性强弱，可将磁性材料分为五类：顺磁性材料、抗磁性材料、铁磁性材料、亚铁磁性材料、反磁性材料。自然界中大多数材料是抗磁性或顺磁性的，它们对外磁场反应较弱。而我们通常所说的磁性材料指的是具有铁磁性和亚铁磁性的强磁性材料。其中的铁磁性材料一般是 Fe、Co、Ni 元素及其合金，稀土元素及其合金，以及一些 Mn 的化合物。

我国是世界上最先发现物质磁性现象和应用磁性材料的国家，早在战国时期就有关于天然磁性材料的记载（如磁铁矿）。大约公元 1000 多年，人们便发明了制造人工永磁材料的方法。到了近代，电力工业的发展促进了金属磁性材料的研制（如 Si-Fe 合金，也就是我们所说的硅钢片）。到了 19 世纪，有了永磁合金，从碳钢的发展到后来的稀土永磁合金，其性能提高了 200 多倍。同时，伴随着通信技术的发展，软磁金属材料经历了从片状到丝状再到粉状，但仍然满足不了频率扩展的要求。20世纪40年代，科学家发明了电阻率高、高频特性好的铁氧体软磁材料，接着又出现了价格低廉的永磁铁氧体。后来，人们发现铁氧体具有独特的微波特性，将其制成了一系列微波铁氧体器件，也就是我们现在所说的旋磁材料。在第一次世界大战时，压磁材料被用于声呐技术，但由于压电陶瓷的出现，其使用有所减少，后来又出现了强压磁性的稀土合金。无定形的非晶态磁性材料是近代磁学研究的成果，在发明快速淬火技术后，1967年人们解决了其制备工艺的问题，目前正向实用化过渡[1]。现有的磁性材料主要可以按如图4.1所示进行分类。

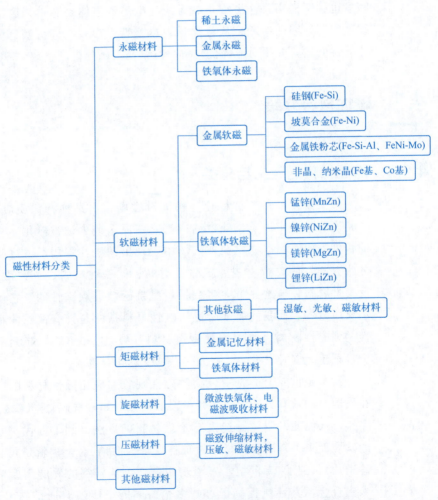

图 4.1 磁性材料分类

4.1.2 磁性材料的磁化特性

磁性材料里面分成很多微小的区域，每一个微小区域称为一个磁畴，每一个磁畴都有自己的磁矩（即一个微小的磁场）。两个相邻的磁畴之间存在着自发磁化强度由一个畴的方向改变到另一个畴的方向的过渡层，这种相邻磁畴之间的过渡层称为畴壁，畴壁具有畴壁能。按畴壁两侧磁畴的自发磁化强度方向间的关系，可将畴壁分为180°畴壁和90°畴壁。在非磁化状态下，各个磁畴的磁矩方向杂乱无章，磁场互相抵消，所以整个材料对外就不显磁性，如图4.2所示。

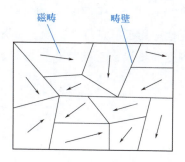

图 4.2　磁畴与畴壁的结构示意图

若此时经过外磁场的作用，内部各磁畴顺着磁场方向转动，加强了内部磁场或感应磁场，随着外磁场的增强，同外磁场方向一致的磁畴会越来越多，磁感应强度会越来越强，磁性材料对外就表现出磁性，这就是磁化的过程。磁性材料在磁化的过程中会出现磁饱和与磁滞现象。

（1）磁饱和特性

当外磁场增大到一定程度，铁磁材料中各个磁畴方向和外磁场完全保持一致，所有的磁畴随着外磁场的增加已经无法继续提升其感生磁场，这就是极限磁化，通常在变压器或电感中称为磁饱和，饱和含义就是磁化达到极限。如铁氧体磁通极限或磁感应强度饱和值 B_s 通常在 0.3~0.4T 之间，这是铁氧体材料特性决定的，饱和后电感量会迅速减小，也意味着没有产生感生磁场的能力了。

（2）磁滞特性

磁性材料的磁化存在着明显不可逆性。当其被磁化到饱和状态后，若将磁场强度由最大值逐渐减小时，其磁感应强度不循原来的途径返回，而是沿着比原来途径稍高的一段曲线而减小，且当外部磁化强度减小到 0 后,其磁感应强度并不为 0,即磁性材料磁感应强度的变化滞后于外部磁化强度的变化,这即为磁性材料的磁滞特性。磁滞现象产生的主要原因是磁性材料内部的局部不均匀性,如局部内应力或掺杂物的不均匀性,导致畴壁的不可逆位移过程。

总之,磁化就是要让磁性材料中磁畴的磁矩方向变得一致。但不是所有材料都可以磁化的,只有少数金属及金属化合物可以被磁化。按照它们磁化的难易程度,我们可以将这些金属及金属化合物主要分为软磁材料以及硬磁材料。如图 4.3 所示,其中磁滞回线宽者,为硬磁材料,适用于制造永磁体,其矫顽力大,剩磁强,如钕铁硼合金;磁滞回线如矩形者,矫顽力小,剩磁大,适于做记忆材料,如磁环、磁膜,广泛地应用于信息科技行业;磁滞回线细而窄者,为软磁材料,矫顽力、剩磁和磁滞损耗均较小,是制造变压器、电机和交流电磁铁的主要材料。

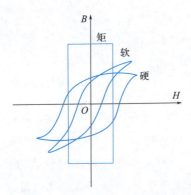

图 4.3 基于磁性材料磁化难易程度的分类

软磁铁氧体材料由于成本较低,具有较高的磁导率和较低的电导率,能够有效地增强磁能线圈间耦合,并对磁场进行屏蔽约束,因此在车载无线电能传输系统的磁能线圈组中作为磁屏蔽层而广泛使用。以下主要以铁氧体磁芯所属的软磁材料为例进行详细分析。

4.2 软磁材料的非线性磁滞特性

基于 4.1 节提到的磁性材料磁化过程中的磁化特性,本节将软磁材料的非线性磁滞特性分为准静态与动态非线性磁滞特性进行详细展开介绍。准静态非线性磁滞特性反映了软磁材料在外部磁场缓慢增强过程中其磁感应强度的变化情况。动态非线性磁滞特性反映了在外部交变磁场的作用下,软磁材料的磁感应强度变化情况。

4.2.1 准静态非线性磁滞特性

当外部磁场持续缓慢增强时,可以测量得到磁场强度 H 和磁感应强度 B 之间的关系曲线,因为是在缓慢变化过程中测得的,也称为准静态磁滞回线(以下简称磁滞回线)。软磁材料的基本特性常用图 4.4 来表示,在磁化过程 Oa 中,将完全无磁状态的软磁材料放在磁场中,磁场强度 H 从零逐渐增加,磁感应强度 B 与磁场强度 H 之间存在曲线关系,我们称为磁化曲线,这种曲线通常可以通过实验测得。当 H 从 0 开始逐渐增大时,B 也增加且上升较慢。当 H 继续增大时,B 急骤增加,几乎呈直线上升。当 H 进一步增大时,B 的增加又变得缓慢,达到 a 点以后,H 值即使再增加,B 也几乎不再增加,即软磁材料达到了其饱和限值。不同的软磁材料有着不同的磁化曲线,饱和值也不相同,但同一种材料,其饱和值是一定的。

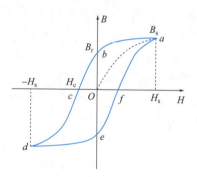

图 4.4 软磁材料的磁化曲线(Oa)与磁滞回线($abcdefa$)

此后,若减小磁化场 H,磁化曲线从 B_s 点开始并不沿原来的起始磁化曲线 Oa 返回,这表明磁感应强度 B 的变化滞后于 H 的变化,这种现象称为磁滞。当 H 减小为零时,B 并不为零,而等于剩余磁感应强度 B_r。要使 B 减到零,必须加一反向磁化场,而当反向磁化场加强到 $-H_c$ 时,B 才为零,此时 H_c 称为矫顽力。如果反向磁化场的大小继续增大到 $-H_s$ 时,样品将沿反方向磁化,到达饱和状态 d 点,相应的磁感应强度饱和值为 $-B_s$。a 点和 d 点相对于原点对称。

此后,若使反向磁化场减小到零,然后又沿正方向增加。样品磁

化状态将沿曲线 $defa$ 回到正向饱和磁化状态 a 点。$defa$ 曲线与 $abcd$ 曲线也相对于原点 O 对称。由此看出,当磁化场由 H_s 变到 $-H_s$,再从 $-H_s$ 变到 H_s 反复变化时,样品的磁化状态变化经历着由 $abcdefa$ 闭合回线描述的循环过程。曲线 $abcdefa$ 也就是我们常说的磁滞回线。由于磁滞现象的存在,磁滞回线上任一给定的磁场强度 H 值,对应有两个磁感应强度 B 值,因此样品处于哪个磁状态,取决于样品的磁化历史。研究表明,磁滞回线所包围的面积正比于在一次循环磁化中的能量损耗[2]。

正是因为软磁材料的磁滞回线细长,矫顽力小,磁滞损耗低,容易磁化也容易去磁,使得这种材料广泛应用于交变磁场中,所以软磁材料的磁滞回线反映了其基本特性,其涉及的基本电磁参数如下:

① 起始磁导率 μ_i:在基本磁化曲线上当磁场强度 H 趋于 0 时,磁感应强度 B 与磁场强度 H 的比值。该参数反映了软磁材料能够被磁化的难易程度。

② 饱和磁感应强度 B_s:该参数的大小由软磁材料的组成成分决定,其所对应的物理状态是材料内部的磁矩整齐排列,也就是说一旦软磁材料达到饱和状态,其材料内部磁矩的排列方向将趋于一致。

③ 剩余磁感应强度 B_r:励磁被撤销以后磁芯中仍保持的能被磁化的磁通,即磁场强度 H 降为 0 时的磁感应强度 B 值。

④ 矫顽力 H_c:把剩余磁感应强度 B_r 退回零所需的磁场强度,反映的是磁化的阻力,其大小由材料的成分、杂质与应力等缺陷决定。

⑤ 居里温度:该参数决定了软磁材料工作的温度上限,一旦超过居里温度,其磁导率会急剧下降。从原理上解释,软磁材料的磁化强度随温度升高而下降,当温度达到某一临界点时,自发磁化消失,软磁材料从原本的铁磁性或弱铁磁性转变为顺磁性,该临界点温度即为软磁材料的居里温度。按照软磁材料生产厂家的广泛定义,在到达厂家所定义的居里温度之前磁导率已经开始下降,也就是说,在到达居里温度后,软磁材料的电磁效应已无法起到作用。因此,在实际应用中应该注意并避免软磁材料的工作温度过高。

4.2.2 动态非线性磁滞特性

在很多实际应用中,软磁材料常常处于交变磁场的作用之中,这种情况仍然存在磁滞现象,其磁滞回线也是一闭合回线,称为动态磁滞回线,如图 4.5 所示。由于交变磁场存在涡流效应等影响,因此动态磁滞回线的形状和面积大小等都与准静态磁滞回线不同。

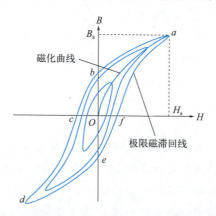

图 4.5 软磁材料的动态非线性磁滞特性(磁滞回线簇)

在动态磁滞回线中,若在小于 H_s 的 $\pm H$ 间反复磁化时,则得到较小的磁滞回线,称为小磁滞回线或局部磁滞回线,不同的 $\pm H$,存在不同的小磁滞回线。而图 4.5 中 $abcdefa$ 为其中最大的,故称为极限磁滞回线。H 小于极限磁滞回线的最大磁场强度 H_m 时,磁化基本可逆,磁感应强度 B 为磁场强度 H 的多值函数。可以证明,磁滞回线所包围的面积正比于在一次循环磁化中的能量损耗。对于准静态磁滞回线,此损耗仅为磁滞损耗;对于动态磁滞回线,此能量损耗包括磁滞损耗和涡流损耗等[3]。

4.2.3 软磁材料的磁损耗问题

软磁材料在产生磁滞现象的同时,也会同时产生磁损耗。以车载无线充电中普遍使用的 PC95 材质的 MnZn 铁氧体为例。

MnZn 铁氧体属于功率铁氧体,其主要特征是矫顽力与剩磁都较小,在高频(几百千赫兹到几兆赫兹)和高磁感应强度的条件下,铁氧体磁芯仍能保持很低的损耗,并且其磁芯损耗在 85℃ 之前呈负温度特性,磁损耗随温度的升高而下降,并在 85℃ 左右达到最低点,因此 MnZn 铁氧体使磁芯能稳定地工作在较高温度下。

(1) 磁损耗分类

MnZn 铁氧体在静态磁化状态下所包围的磁滞回线面积代表的是磁滞损耗,因为静态磁化过程是在磁场恒定的情况下,样品从初始稳定的磁化状态转变到新的一种平衡状态，它不需要考虑建立新的平衡状态的时间问题。但是在实际应用中，MnZn 铁氧体多用于交流磁场，因此动态磁化造成的磁损耗不可忽略，且随交流磁场频率的增加而增大。实验中，常通过测量计算交流励磁下所得的动态磁滞回线的总面积，得到包含磁滞损耗、涡流损耗和剩余损耗的总损耗。磁芯厂家给定的磁芯产品规格书中的铁损，即其动态磁化下的总损耗。如 MnZn 铁氧体总损耗的大小不仅与材料本身相关，而且与材料在交变磁场中的工作频率和磁感应强度大小有关，因此在表示软磁材料总损耗的数值时，需注明其工作频率和磁感应强度大小。

磁滞损耗是指铁磁材料作为磁介质，在一定励磁磁场下产生的固有损耗，是电能转换为磁能的过程中所产生的有功损耗。经一次循环，每单位体积铁芯中的磁滞损耗等于磁滞回线的面积，磁滞回线包围的面积越大，磁滞损耗越大。磁滞损耗会导致导磁体发热，使设备升温，效率降低。

涡流损耗是指磁通发生交变时，铁芯产生感应电动势进而产生感应电流，感应电流呈旋涡状，称之为涡流。虽然感应产生的电流本身是无功的，但感应电流在铁芯电阻上产生的焦耳热是有功损耗，一个磁滞周期内材料的涡流损耗 P_e 可表示为：

$$P_e = C_e f^2 d^2 B_m^2 / \rho \tag{4.1}$$

式中，d 为样品的厚度；f 为励磁频率；ρ 为电阻率；C_e 为涡流损耗系数；B_m 为磁通密度幅值。由式（4.1）可见，材料的涡流损耗与样品厚度的平方成正比，而与电阻率成反比，且励磁频率越高，磁通密度幅值越大，所产生的涡流损耗越大，提高材料的电阻率是降低涡流损耗最有效的办法。

软磁铁氧体的剩余损耗，广义上是指除涡流损耗、磁滞损耗以外的一切损耗。剩余损耗主要来源于磁后效，包括磁化过程的畴壁位移和磁畴转动过程的时间效应，以及样品在一定条件下所表现出的尺寸共振和磁力共振。剩余损耗大小主要取决于参与扩散的粒子浓度、环境温度及所施加的频率等参数。

(2) 磁损耗产生机理

烧结后的 MnZn 铁氧体是由小的晶体组成，这种晶体的大小一般在 $10\sim20\mu m$ 的范围内，在未受外磁场作用且在居里温度以下的温度范围内，这些晶体会自发地形成磁畴结构。分析其磁化过程中的损耗模型，可以看到铁氧体将外界电磁能吸收用来克服磁畴转动及畴壁位移的阻力,即克服反复磁化的"摩擦"作用,产生焦耳热量并以热能的形式输出,这部分能量即为磁化过程中的损耗。

如图 4.6 所示,左图阴影部分代表外界总电磁能的流入,右图阴影部分代表流出的能量部分,而流入与流出的差值即磁滞回线的面积,则代表了能量的损耗。

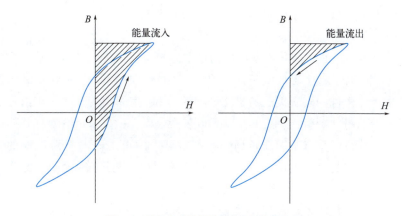

图 4.6 外界电磁能的能量流入与能量流出

(3) 磁损耗模型

① Steinmetz 经验公式。

磁芯损耗计算的研究主要是围绕正弦波激励而展开的,通过分析、计算以及试验得出计算公式(4.2),最先由 Steinmetz 提出[4]。

$$P_v = C_m f^\alpha B_m^\beta \tag{4.2}$$

式中,P_v 为单位体积内的磁芯损耗,单位为 kW/m^3;f 为测试频率;B_m 为磁通密度的幅值;C_m、α、β 都是磁芯系数,与磁芯的材质和工作使用条件有关,部分厂家的产品手册提供此类系数,也可以通过测试结果拟合得到。Steinmetz 将磁芯损耗的三个部分合成一个整体,用一个式子完成损耗的计算,从而大大简化了方程。由式(4.2)可见,损耗大小只与磁芯材料、工作频率、磁通密度相关。

需要注意的是,该式只适用于正弦波激励的情况,从某种意义上讲 Steinmetz 方程是结果加权平均。

② 铁损分离模型。

在正弦励磁信号下,根据 Bertotti 铁损分离理论[5],不考虑趋肤效应影响时,可以将一个周期内的磁芯能量损耗进一步分离成式(4.3)

三部分：磁滞能量损耗 P_h、涡流能量损耗 P_e 和剩余能量损耗 P_r：

$$P_c = P_h + P_e + P_r = C_h B_m^\alpha + C_e B_m^2 f^2 + C_r B_m^{1.5} f^{1.5} \quad (4.3)$$

式中，P_c 为磁芯能量损耗，J；f 为工作频率；B_m 为磁通密度幅值；C_h、C_e、C_r、α 为磁芯系数。研究指出，不同型号的磁芯材料在不同的励磁条件下，三种不同损耗类型所对应的磁芯系数是不完全相同的，但同一种材料在较低频率的磁场作用下，其值基本不变。在兆赫兹频率以下，剩余损耗很小，一般可忽略。

③ Preisach 模型理论。

Preisach 模型理论的基本思想是将整体磁芯看作许多磁偶极子的集合，每个磁偶极子都具有矩形磁滞特性，磁芯的宏观磁化强度就被看作这些磁偶极子的磁化强度的总和。该理论于 1935 年由德国物理学家 Preisach 最早提出并以其名字命名[6]。Preisach 模型将总体磁滞看作大量的具有不同反转场和局部矫顽力的单个磁畴磁滞回线的总和，该模型是目前理论研究中应用最为广泛的一类磁滞模型。

Preisach 模型是把磁滞回线用数学表达式表示出来的一种方法，它忽略了磁化过程中磁滞、涡流及时间效应，只关注磁化作用的结果，是与损耗测量方法最为接近的一种模型。理论上说，该模型适用于任意激励波形，但它不能对磁滞的可逆性进行有效描述，因此对于磁滞回线中出现局部回环的特性不能较好地反映。简而言之，Preisach 模型虽然精度较高，但不适用于动态磁滞状态，只能应用于准静态磁滞状态。后来的学者在该模型基础上加了一些动态参数进行改进，但由于动态参数难确定，模型复杂，尤其是在高频和复杂激励条件下严重限制了其应用。

4.2.4 无线电能传输中磁损耗的计算

对于紧耦合变压器而言，其磁芯被线圈紧紧缠绕包围，几乎没有漏磁且线圈产生的磁通大小在磁芯中均匀集中，磁芯模型简单易处理，因此不管是在正弦磁场激励还是方波等非正弦激励下，都能精确计算其磁损耗。而无线电能传输由于其松耦合结构特性，使得磁能线圈组上磁芯的磁感应强度分布不均匀，不同位置处的磁芯所处的状态不同。从磁滞的角度看，由于外部激励磁场的幅值大小不同，因而具有不同的磁滞回线，不能通过上述的 Preisach 等理论模型获取磁能线圈组不同位置处的磁芯损耗。

(1) 采用有限元仿真计算磁损耗

近些年,Comsol、Ansoft、Ansys 等大量有限元仿真软件的出现使得复杂磁芯模型下的磁损耗计算得以实现,有限元仿真计算基于电磁场理论,能够对磁芯内部所有位置的磁感应强度进行分析计算。考虑到磁能线圈受正弦电流的激励,在磁芯上产生交变的磁感应强度 B,因此对于磁损耗的仿真计算,可通过实验测量磁芯在给定交流激励下的 P-B 损耗曲线,将数据进行曲线拟合得到对应的 Steinmetz 经验公式。利用该公式,已知磁芯每个位置处微元的磁感应强度 B 的前提下,求得单个微元的磁损耗 P_v,最后对磁芯整体进行体积积分即可求得其总损耗 P_{all}:

$$P_{all} = \iiint P_v \mathrm{d}V \tag{4.4}$$

有限元仿真计算磁损耗相对精确,但计算复杂,工作量大,而 Steinmetz 经验公式参数较少,结构简单,把磁芯的三部分损耗拟合在一个公式中,大大简化了磁损耗的有限元仿真计算过程。

(2) 通过实验间接计算磁损耗

在无线电能传输的现有研究中,目前仍未有能直接通过实验手段测得松耦合磁能线圈中磁芯损耗大小的方法。由于不能直接通过实验测得磁芯不同位置的 B 的大小,若需获得磁能线圈中的磁芯损耗,只能使用式(4.5)间接求解的方法。若加入铝板磁屏蔽层,则还需考虑铝板涡流损耗的计算,而铝板的涡流损耗由于空间漏磁场的不均匀也很难直接通过实验测量计算得到。因此,在不引入铝板涡流损耗的前提下,将磁能线圈间总的交流损耗中的铜损与铁损剥离开来。该实验方法只能间接求得磁耦合结构的总磁损耗,而不能进一步将发射端磁芯与接收端磁芯的磁损耗进行剥离。因此,下面只考虑不加入铝板情况下,磁能线圈组的铁损与铜损分离。

$$P_{ac} = P_{Cu} + P_{Fe} \tag{4.5}$$

式中,P_{ac} 为线圈中的交流损耗;P_{Cu} 为线圈铜损;P_{Fe} 为线圈铁损。要通过间接实验计算将铁损和铜损分离出来,需要精确测量线圈间的交流损耗 P_{ac} 与线圈铜损 P_{Cu}。线圈间交流损耗 P_{ac} 为:

$$P_{ac} = P_{in} - P_{out} \tag{4.6}$$

式中,P_{in} 为系统发射端高频逆变器后的交流输入功率;P_{out} 为系统接收端整流桥前的交流输出功率。

线圈的铜损 P_{Cu} 跟通过线圈的电流 I_{ac} 与其交流电阻 R_{ac} 有关。交流电阻 R_{ac} 大小与线圈趋肤效应与邻近效应大小有关。前者表现为高频电流只在导线的表面通过,而导线中心的电流密度很小;后者表现为导线内的电流受外部磁场的影响而呈不均匀分布。相应的电阻称为导通电阻和感生电阻。

对于单根的圆导体,通常使用贝塞尔函数来表达其高频条件下的电流密度,进而计算高频电阻[7]。导通电阻与导线的直径和频率有关;而感生电阻除与导线的直径和频率有关外,还与所处的磁场强度的平方成正比[8]。因此,感生电阻的计算需转换为对导线所处位置磁场强度的计算。文献[9]以图 4.7 中矩形线圈为例,根据 Litz 线圈单位长度的感生电阻与线圈不同位置处的磁场强度 H 关系,转换为利用毕奥-萨伐尔定律计算每股线圈在空间不同位置处的磁场强度,通过求解线圈某点 P 在不同线圈电流叠加下的 X、Y、Z 方向磁场强度分量,得到最终 P 点的感性电阻大小。由于计算篇幅较大,此处不做详细展开。该方法十分复杂,需要建立磁能线圈对应的磁场空间模型进行求解,不能作为实验的测量精确解。

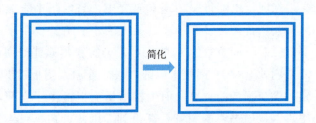

图 4.7 矩形线圈的模型简化

除此之外,线圈交流电阻可通过高精度 LCR(电感、电容、电阻)阻抗测量仪测量得到,但由于市面上的高精度 LCR 阻抗测量仪都是在小电流激励下测得线圈的高频电阻,没有考虑实际加载实验过程中,线圈中大电流对磁芯工况的改变,而磁芯工况会直接影响线圈不同位置的磁场强度分布,导致邻近效应发生变化,感生电阻出现误差,因此也不能完全精确地得到大功率无线电能传输下磁能线圈的交流电阻。

总的来说,受线圈材质规格、线圈形状大小、线圈电流、激励频率、磁芯工况等多种因素影响,目前仍未有较好的办法能对线圈高频电阻进行精确的测量计算。因此,目前只能通过有限元仿真来计算磁芯损耗,若想通过实验间接求解验证无线电能传输中的磁芯损耗仍存在较大难度。

4.3 考虑磁芯非线性问题的分析与优化

基于上节中软磁材料的非线性磁滞特性可知软磁材料存在滞回问题，也就是在相同磁场强度下，励磁与退磁过程对应着不同的磁芯磁感应强度。由于车载无线充电系统中磁芯不同位置处最大磁场强度各不相同，也就是磁芯不同位置存在不同的磁滞回线状态，因此直接采用磁滞回线来分析磁芯的非线性问题将十分复杂。但考虑到软磁材料的矫顽力 H_c 与剩余磁感应强度 B_r 都很小，相对于最大饱和磁场强度基本可以忽略不计，并且软磁材料的磁化曲线在相同磁场强度下，反映在 B-H 曲线上的斜率（磁芯相对磁导率）与磁滞回线近似相等，因此在实际分析问题的过程中，不考虑软磁材料的滞回问题而只考虑其饱和问题，该处理方式在分析电机的磁芯工况中也常见到，近似处理后可以得到如图 4.8（a）所示的软磁铁氧体 B-H 曲线。

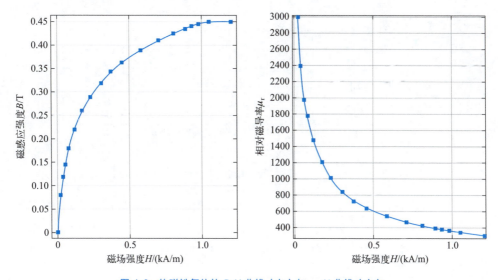

图 4.8 软磁铁氧体的 B-H 曲线（左）与 μ-H 曲线（右）

$$B = \mu_0 \mu_r H \quad (4.7)$$

式中，μ_0 为真空磁导率。

由式（4.7）可知，铁氧体 B-H 曲线上任一点的切线斜率即为在该磁场强度下磁芯对应位置处的磁导率，随着外部磁场强度 H 的增大，磁导率逐渐减小，直到深度饱和时磁导率接近真空磁导率，即饱和区域导致磁芯失效，不再具有导磁作用，如图 4.8（b）所示的 μ-H 曲线。铁氧体在车载应用中，不同磁芯位置磁感应强度有大有小，因此磁饱和问题是磁芯参数设计选取过程中需要考虑到的一个重要问题。

另一个问题就是磁芯低利用率问题。当车载无线充电系统磁芯某部分处在低磁感应强度的时候，该处对应的相对磁导率很大，而根据图 4.9 相对磁导率与磁能线圈间耦合系数 k 的关系可以看到，当只改变接收端线圈的相对磁导率，从 3000 减小到 400 的时候，耦合系数 k 只减小了 0.015，这意味着 3000 相对磁导率与 400 相对磁导率的磁芯耦合效果基本相同，因此低磁感应强度区域的磁芯没有得到充分利用，存在磁芯利用率低的问题。

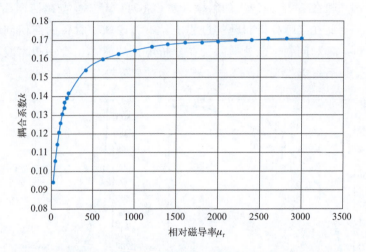

图 4.9　磁能线圈间耦合系数 k 随磁芯相对磁导率变化关系（双 D 线圈）

软磁材料非线性特性给车载无线充电的磁芯应用带来了新的问题，本节将结合车载无线充电功率等级的发展趋势，对车载应用下铁氧体磁芯的上述两个问题进行详细分析与优化思路的介绍。

4.3.1　应用中的磁芯非线性问题

（1）磁饱和问题

随着电动汽车的电池容量与能量密度的提升，整个电动汽车市场对于充电功率等级的需求也在不断提高。虽然 3.7kW（WPT1）与 7.7kW（WPT2）功率等级在技术上已较为成熟，但其充电速度已不能满足市场需求，11kW（WPT3）及以上的更大功率的无线传输成为了研究与关注的热点。更大功率的无线传输意味着更快的充电速度与花费更少的充电时间，这将会给车主带来更好的用户体验。

但更大的功率等级意味着磁能线圈将承载更大的电流，在空间激发更强的交变磁场，而目前典型车载大功率无线充电用的磁芯普遍为 MnZn 软磁铁氧体，其饱和限值（如 $B\text{-}H$ 曲线所示）只有 0.45T 左右，因此 MnZn 软磁铁氧体在大功率下将很容易出现局部饱和。如图 4.10 所示，趋于磁饱和导致磁导率下降，线圈耦合效果明显减弱，甚至深度饱和。导致局部磁导率急剧降低，接近真空磁导率，最终使得磁芯耦合失效，车载无线充电的传输效率和传输功率下降。

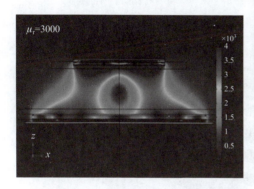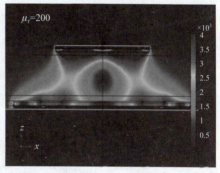

图 4.10 趋于磁饱和导致磁导率下降，线圈间耦合效果减弱（见书后彩插）

另一方面，如图 4.11（a）所示，磁芯在交变磁场下的磁损耗 P_{cv} 随磁感应强度 B_m 呈正相关，当铁氧体磁芯的磁感应强度到达 450mT 的时候，此时磁芯基本饱和，$P\text{-}B$ 曲线在该处斜率急剧增大，所以磁芯上的损耗在磁饱和时会急剧增加，直接导致发热变得严重，图 4.11（b）为将线圈在 WPT3 功率的线圈电流激励下磁芯饱和后的温度分布，可以看到，尤其在饱和点，温度明显比周围要高。

（2）磁芯利用率问题

目前国内外对于磁芯结构设计优化的研究较少，多以平板磁芯与条形磁芯作为主流的磁芯结构。但这样的磁芯往往存在利用率较低的问题，即在弱场区域磁芯上的磁感应强度值较低。

以非对称双 D 磁能线圈耦合结构为例，如图 4.12 为其在 11kW 功率等级下 3mm 条形磁芯的磁感应强度分布情况。可以看到，中间红色区域的磁芯大部分磁感应强度已经大于 400mT，趋于饱和的状态。但有

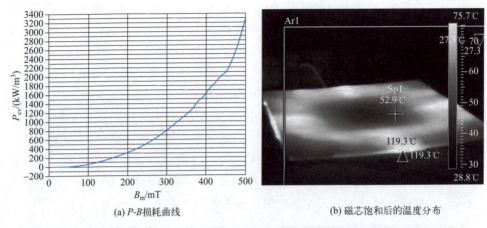

(a) P-B 损耗曲线　　(b) 磁芯饱和后的温度分布

图 4.11　磁芯在交变磁场下的 P-B 损耗曲线与 WPT3 功率下饱和后温度分布（见书后彩插）

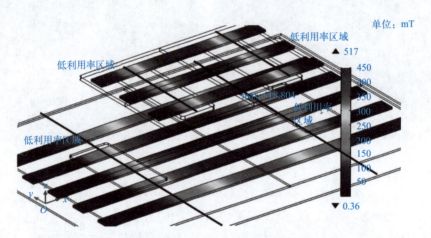

图 4.12　非对称双 D 线圈基于条形磁芯的低利用率区域分布（见书后彩插）

2/5 体积的磁芯都处在 150mT 以下的低利用率区域，这也意味着即使削减这部分区域的厚度，磁芯也能较好地工作，所以存在体积浪费的问题。

因此，总的来说，主流的 MnZn 软磁铁氧体虽然在车载无线充电中起着重要作用，但因为材料本身的特性，在大功率应用下仍然存在诸多问题：饱和限值太低，容易出现磁饱和失效问题，导致磁芯发热损耗严重，传输效率与传输功率降低；国内外关于磁芯结构设计优化的研究较少，主流的磁芯结构存在磁利用率较低的问题，部分磁芯区域未得到充分使用，使得体积浪费。

4.3.2 面向非线性问题的磁芯优化研究

目前国内外关于车载无线充电应用下的磁芯优化研究，按照优化复杂程度可归纳为三类。第一类是基本磁芯结构的参数优化，即在条形、平板等主流磁芯结构的基础上，以磁芯体积、线圈间耦合系数 k、磁芯损耗等优化目标对基本磁芯的尺寸参数进行优化。第二类是新型磁芯结构的参数优化，这类磁芯往往是根据选定磁能线圈在磁芯上激励的磁感应强度分布，在基本磁芯结构的基础上，提出新的磁芯类型，并针对新磁芯结构的参数进行优化，这类磁芯由于参数繁多复杂，因此需要先对参数做敏感性分析，根据不同参数对系统影响大小实现参数间解耦。第三类是考虑新型磁芯非线性问题的参数优化，这类优化研究在新型磁芯结构的基础上，给出了更多的磁芯优化边界，对磁芯的磁饱和问题、磁损耗问题、磁利用率问题等作出了要求。

（1）基本磁芯结构的参数优化

Strauch 等人[10]基于圆形线圈下的辐射条状磁芯进行了优化，分析了磁芯条数，单条磁芯的长度、宽度以及厚度等参数（如图 4.13）对耦合系数以及磁芯总体积的影响。在固定单条磁芯长度 $b_t = 18\mathrm{mm}$、磁芯厚度 $c_t = 2\mathrm{mm}$ 下，对不同磁芯条数 n 下的磁芯宽度 a_t 与耦合系数 k 的关系进行了分析。

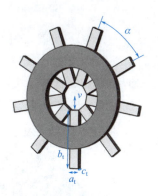

图 4.13 基于圆形线圈辐射条状磁芯的参数优化

关于基本磁芯结构的参数优化，由于优化的参数相对较少，优化较为简单，因此基本不需要采用智能算法，只需如上述文献一样通过对不同优化参数下的优化目标固定，即可实现不同参数之间的解耦，进而将不同优化参数对优化目标的影响进行敏感性分析。虽然基本磁芯结构的优化较为简单,但由于其结构单一,优化参数较少,因此优化空间较小。

(2) 新型磁芯结构的参数优化

在基本磁芯结构的基础上,国内外文献提出了一些新型磁芯结构,相比单一的磁芯结构,新型磁芯结构提升了优化的空间,对磁场的调控更为科学。Castelli-Dezza 等人[11] 对圆形线圈在基于辐射条状磁芯的基础上,提出了一种如图 4.14 所示的新型 T 形辐射排布磁芯,该磁芯通过在非对称圆形线圈的互耦合区 1(见 4.3.3 节)增添磁芯来减小该区域的磁阻,从而提高了线圈间耦合系数 k,有效地改善了系统传输效果。

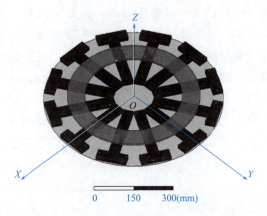

图 4.14　一种基于圆形线圈的 T 形辐射排布磁芯结构

针对非对称双 D（DD）线圈,刘志珍等人[12] 通过在 DD 发射线圈与 DD 接收线圈的平面线圈空心部分增添磁芯,提出了一种如图 4.15 所示的凸形磁芯结构,有效提高了二者耦合后互耦合区 1 和互耦合区 2 的磁通量,与传统的平面磁芯结构相比,有较明显的效果提升。

图 4.15　一种基于 DD 线圈的凸形磁芯结构

上述的新型磁芯优化问题更多的是从漏磁与耦合系数的角度去调控磁芯排布，优化磁芯参数，而没有考虑磁芯的非线性问题对系统带来的影响。例如，上述基于 DD 线圈的凸形磁芯结构存在薄弱区域，即 DD 线圈中部区域的磁芯较薄，而这部分刚好又是 DD 线圈磁通最为集中的区域，因此这样的优化往往在大功率应用下将会出现磁饱和等问题。

（3）考虑新型磁芯非线性问题的参数优化

重庆大学自动化学院孙跃课题组[13] 在米字形磁芯的基础上，基于圆形线圈提出了一种凹凸形辐射排布磁芯结构（简称凹凸形结构），如图 4.16 所示。文献 [13] 中重点提到了考虑磁饱和问题的凹凸形结构中部磁芯的优化设计思路。最终优化后的凹凸形结构比未优化前的结构体积减小了 22%，互感与耦合系数也都有明显提升，理论系统输出功率和效率分别提高了 37% 和 10%。

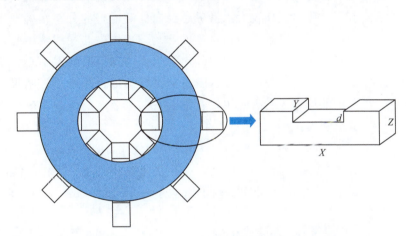

图 4.16　一种基于圆形线圈的凹凸形辐射排布磁芯结构

该篇文献虽然考虑了磁饱和问题，并基于磁饱和导致的损耗激增问题来设置磁芯的工作限值，但并没有考虑磁饱和后磁芯 B-H 工作区间的变化，即磁感应强度对磁芯相对磁导率以及系统耦合系数 k 的影响。

Mohammad 等人[14] 基于圆形线圈，提出了类梯形磁芯结构。对于磁通密度较大的区域增加其磁芯厚度，而磁通密度较小的区域削减磁芯厚度，从而达到更好的磁芯利用效果。文献 [14] 中提出了如图 4.17 所示的磁芯结构，采用非线性规划算法，对其中涉及的所有长度 L 和厚度 t 进行优化，设定优化目标中的均匀磁通密度大小为 150mT，最终优化前后的结果如图 4.18 所示。

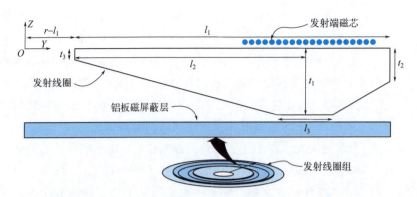

图 4.17 基于圆形线圈提出的磁芯横截面视图与线性变化的厚度，以实现均匀的磁通密度

优化前，磁芯中心和外缘附近区域的磁通密度（磁感应强度）很低，磁芯利用率低，而接收端和发射端线圈周围的红色区域磁通密度较高，磁芯损耗较大。沿磁芯径向的磁通密度分布精确地表示了优化前均匀厚度磁芯中磁通密度的非均匀性，磁芯在线圈中心位置处的磁通密度非常低，沿径向向外对称增大，直至在线圈中心匝附近达到最大磁通密度。最后，磁芯磁通密度继续沿边缘减小。结果表明，在优化前的均匀厚度磁芯中，有很大一部分磁芯的磁通密度较低，未得到充分利用。

相比之下，如图 4.18（b）所示优化后的磁芯，其主要磁通密度都分布在 130~150mT 之间，相比优化前的磁芯，优化后的磁芯在避免磁饱和的同时，显著提高了原本低磁通密度区域磁芯的磁利用率。该方

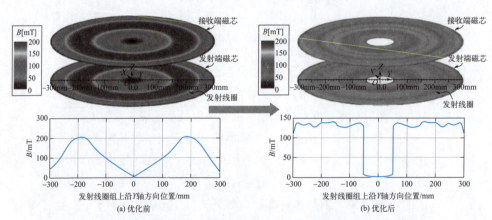

图 4.18 厚度优化前后的磁芯整体磁通密度分布与沿圆形磁芯径向分布情况
（见书后彩插）

法考虑了磁通密度较低的磁芯低利用率优化问题,通过改变磁芯厚度来调控磁阻分布,以磁通密度均匀一致性为目标,提高了磁芯利用率,降低了损耗。

4.3.3 考虑非线性的磁芯结构选型

正是因为在考虑磁芯非线性的条件下,目前主流的 MnZn 软磁铁氧体存在大功率下的磁饱和问题与磁利用率问题,因此通过科学合理的设计优化去避免 MnZn 磁芯存在的上述问题则显得尤为重要。总结上述现有文献的设计优化思路,接下来对磁芯的结构选型与参数优化流程进行介绍。

在做磁芯参数优化之前,首先最为重要的一步就是需要确定磁芯的结构,不同的磁芯结构有着不同的特征参数,并且磁芯的结构对于空间磁场的分布起到决定性作用。

由于在车载大功率无线充电中所用的线圈类型不同,而不同线圈类型之间在三维空间的耦合磁路分布不同,因此磁芯的结构选型一般是基于线圈的类型来考虑。目前主流的几种线圈类型的磁芯结构排布如图 4.19 所示。图中,左上角是最简单常见的平板状磁芯,这种磁芯基本没有考虑不同线圈结构的耦合特性与空间磁场分布,磁芯投入体积较大,因此磁芯利用率较小;右上角是阵列片状的磁芯,目前该磁

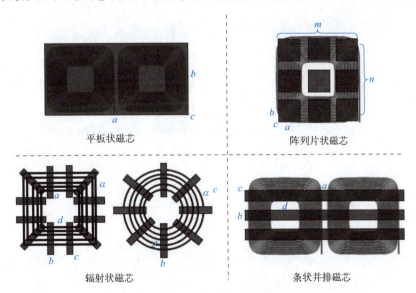

图 4.19 几种典型线圈类型的磁芯结构排布

芯排布应用于高通 Halo 公司的产品实物上,该种磁芯在考虑用量的前提下,在垂直 Z 方向的表面积较大,所以主要考虑的是在空间垂直 Z 方向对于传输距离的提升改善;左下角辐射状的磁芯能在线圈平面沿着磁条长度方向对磁场进行引导,其磁芯的用量体积较少;右下角这种条状并排的磁芯主要用于 DD 线圈,特别是在对称 DD 耦合线圈上,能够搭配螺线管线圈对位错产生的死区进行补偿。

虽然上述的磁芯结构排布在一定的条件(如功率等级较小或不考虑成本体积)下对系统传输效果有较好的改善,但磁芯结构比较简单,缺乏一定的理论指导依据,存在磁通密度分布不均匀以及部分磁芯体积浪费等不足,因此提出磁芯选型的两种思路。

(1)基于线圈空间耦合的磁芯选型

在无线电能传输系统中,发射线圈自身交变电流产生的空间磁场一部分被接收线圈所耦合利用,另一部分发散泄漏在空气中,但磁力线属于闭合曲线,所以最终泄漏在空气中的磁力线又回到发射线圈。从空间磁耦合的这个角度看,与接收线圈耦合部分的磁通可以看作线圈间的互感,其占总磁通的比值即是耦合系数 k。因此,在实际的选型设计中,为了提升系统传输效果,可以考虑对不同线圈类型在三维空间的磁场空间分布进行仿真,根据不同区域的磁路走向与耦合特性,将线圈间的耦合磁路划分为自耦合区与互耦合区,如图 4.20 所示。

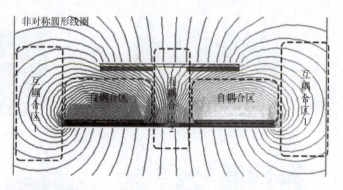

图 4.20 非对称圆形线圈的耦合区划分

通过耦合区的不同功能,对空间不同位置的磁阻进行调控。因为空间磁阻的大小与该空间位置的等效磁导率成反比倒数关系,所以可以在空间特定位置通过添加或减少磁芯来改变该区域的磁阻大小。互耦合区的磁通从发射线圈出来之后,最终被接收线圈所耦合,成为激励接收线圈产生感应电压的磁通部分。因此，在磁芯的排布上，希望尽可能将更多的磁芯排布在该区域附近，来减小这部分的等效磁阻，从而增加这部分的磁通占比。而自耦合区内的磁通从发射线圈出来之后泄漏到空间中，最终又回到发射线圈，该部分磁通不能被接收线圈所耦合，因此希望它占据的比例尽可能少，通过在该区域排布较少的磁芯来增大该区域的等效磁阻。在追求更多磁通耦合效果的同时，需要关注空间磁泄漏的影响，因此对于空间中部分容易泄漏磁场的区域也需要排布磁芯来起到磁屏蔽的作用，从而不违反 SAE J2954 标准磁泄漏限值。

因此，可以基于给定线圈类型的基础上，根据线圈间耦合区的分布对其空间磁阻调控，最终提出新的磁芯结构。

(2) 基于主流磁芯磁密分布的磁芯选型

上述的空间耦合区划分对于磁能线圈间的磁通分配与磁芯选型提供了调控的依据与方向，但该方法未考虑到磁芯的非线性特性与磁芯工况，即磁芯的磁通密度（磁密）分布情况。因此，本部分介绍一种基于主流磁芯磁通密度分布的磁芯选型设计。

首先，该方法也需要确定磁能线圈的类型，选择 DD 线圈还是圆形线圈都会决定不同的磁场空间分布。其次，是作为发射线圈还是接收线圈，对于磁芯而言也都有体积成本、磁泄漏等不同的要求。发射线圈产生的磁场对于侧面磁泄漏影响较大，因此需要在线圈侧面边缘位置做磁屏蔽。而接收线圈耦合的磁通会在线圈背面有更多的磁泄漏，因此接收线圈的背面往往需要多层屏蔽板。

一旦确定磁能线圈类型与应用场景之后，即可以在该基础上选择主流的磁芯。例如，基于圆形线圈选择圆形平板状磁芯或条形米字形磁芯，基于 DD 线圈选择方形平板状磁芯或条形并排磁芯，再根据需要的功率等级给定磁能线圈不同的电流激励大小。

通过仿真，可以看到基于该主流磁芯下选定线圈的磁密分布情况。以图 4.21 的 DD 线圈为例，不管是采用平板状磁芯还是条形磁芯，DD 线圈上磁芯的磁通都主要集中在中间区域，因为从本质上说，DD 线圈等效于中部螺线管线圈与圆形线圈的叠加组合，而中间部分是其主要的磁通路径，也是磁芯磁感应强度最大的区域。因此，可以基于主流磁芯磁密分布情况来做进一步的改进，在其基础上做磁场调控，对磁密较大的区域增加磁芯横截面积来防止磁饱和，一方面可以考虑在保持均匀厚度的前提下在平面内增加磁芯面积，另一方面也可以在非均匀厚度前提下在磁密较大地方增加磁芯厚度。同理，可以对磁密较小的两侧区域减小磁芯横截面积来防止磁芯低利用。但该方法受基础磁芯的结构类型限制，不适用于离散分布的新磁芯结构提出。

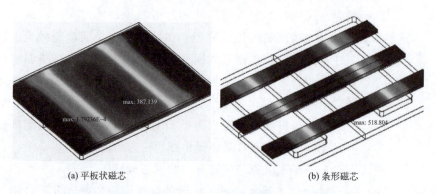

(a) 平板状磁芯　　　　　　　　　　(b) 条形磁芯

图 4.21　基于 DD 线圈的两种主流磁芯的磁密分布（见书后彩插）

总的来说，主流的磁芯结构并不是较好的解决方案，只有考虑线圈类型与磁芯非线性，结合磁能线圈间耦合区的分布与磁芯磁密分布，才能更好地提供线圈结构选型与排布的思路，进而从磁芯选型设计上改善整个无线充电系统的传输效果。

4.4　纳米晶带材改良及应用

虽然低饱和的铁氧体磁芯能够通过上节讨论的方法在结构上增加饱和区域的厚度来缓和在车载大功率无线充电下的饱和失效问题，但磁芯优化设计的结果往往是异型的磁芯结构，而 MnZn 铁氧体材料具有如图 4.22 所示的易碎裂特性，使得这样的异型磁芯加工工艺复杂，因此难以实现商业化批量生产与应用，尤其是在车载接收端受体积大小与行驶颠簸的场景限制。因此，要从根本上解决铁氧体易碎裂以及大功率下易磁饱和的问题，需要寻找一种具有更高磁饱和限值且具有抗破坏性能的新磁芯。

纳米晶带材具有更高的磁饱和限值、更高的磁导率，从根本上解决了目前无线充电功率等级下铁氧体的磁饱和问题，因而纳米晶不需要考虑从磁芯结构优化的角度去避免磁饱和问题，但纳米晶的不足之

图 4.22 MnZn 铁氧体易碎裂的材料特性

处在于其电阻率远低于软磁铁氧体，这将带来大量的磁芯涡流损耗。因此，如何在保证纳米晶具有较高磁饱和限值与较高相对磁导率的同时，将其电导率与发热损耗降到可接受的范围内，成为纳米晶车载无线充电应用的关键问题。在这方面，国内的安洁无线科技有限公司、万安亿创电子科技有限公司等电动汽车无线充电方案供应商都在为之努力开发新型纳米晶磁芯材料。下面将对纳米晶磁芯的主要参数特性及其车载无线充电应用的研究进展进行介绍。

4.4.1 纳米晶带材特性及其应用

纳米晶是以铁元素为主，加入少量 Nb、Cu、Si、B 元素所构成。通过快速凝固工艺形成一种非晶态，再经过热处理后获得直径为 10～20nm 的微晶，均匀分布在非晶态的基体上，形成了纳米晶。纳米晶作为新型的磁芯材料，具有潜在的应用价值。

而其中的铁基纳米晶磁芯具有高饱和的磁感应强度、高初始磁导率，相比于软磁铁氧体，具有高出 5 倍以上的磁导率（85kHz 下其相对磁导率大于 15000）、2 倍的饱和磁感应强度（1.1T 以上），这意味着使用远低于原有铁氧体体积的纳米晶带材，依然能达到相同的甚至更好的无线传输效果。另外，纳米晶磁芯的居里温度高达 560℃，远高于传统铁氧体磁芯的 200℃，高居里温度使得纳米晶磁芯具有极高的热稳定性，可以连续工作于 120℃ 环境下[15]。

但纳米晶磁芯的电阻率远低于铁氧体，在低频 20kHz 以下，其损耗跟铁氧体相当，但当频率逐渐增高，纳米晶磁芯的涡流损耗也显著增加，在车载大功率无线充电的 85kHz 频段下，纳米晶磁芯将会产生巨大的高频涡流损耗，因此纳米晶磁芯不能直接用于车载大功率无线充电[16]。

为了降低纳米晶带材的涡流损耗，Gaona等人[9,17]对纳米晶带材层压形成的纳米晶磁芯在电动汽车无线充电中的应用做了一定的可行性理论研究。考虑到纳米晶电阻率较小，因此对主要磁通分量产生的感应涡流沿y、z方向进行叠层阻隔，文中首先对不同叠层方向的纳米晶磁芯对线圈参数的影响进行了研究，如图4.23（a）、（b）所示。通过与N87铁氧体对比分析可以看到，叠层纳米晶的自感与互感有所下降，尤其是沿z方向叠层的方案下降较为明显，如图4.23（c）、（d）所示，互感的降低使得线圈间耦合减弱，叠层纳米晶的耦合系数k减小，视在功率P_{su}降低。

由于采用叠层工艺，纳米晶磁芯在宏观上具有了结构各向异性，且对于松耦合无线充电而言，磁通密度具有x、y、z三个方向的分量，每个分量在有无叠层的方向对于磁芯感应涡流的贡献不同，可以根据变压器中的叠层硅钢片原理，推导叠层纳米晶磁芯在不同分量上的等效电导率与等效磁导率理论计算公式。

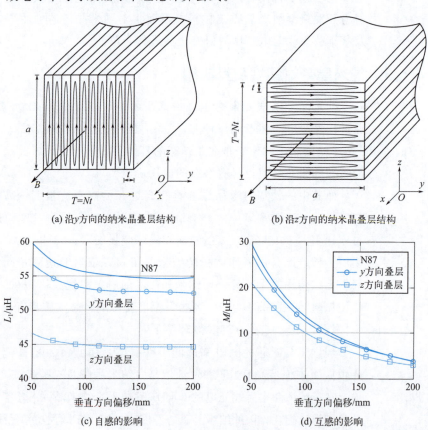

(a) 沿y方向的纳米晶叠层结构　　(b) 沿z方向的纳米晶叠层结构

(c) 自感的影响　　(d) 互感的影响

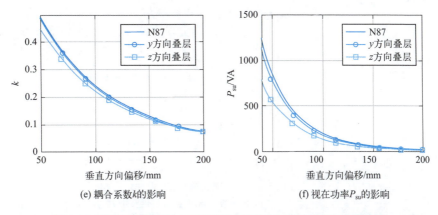

(e) 耦合系数k的影响　　　　　(f) 视在功率P_{su}的影响

图 4.23　纳米晶叠层结构与不同叠层方向的纳米晶磁芯对线圈参数的影响

剑桥大学的 Gaona 等人[18] 采用如图 4.23（a）所示的叠层方式获得了 6 条厚度为 4mm 的纳米晶磁条，并将其密铺作为双 D 磁能线圈组的磁芯使用，如图 4.24（c）所示。其与图 4.24（b）的 N87 铁氧体磁屏蔽层传输效率比较如图 4.25（a）所示。N87 铁氧体的传输效率随着输入端的电压增加而降低，这是由于随着输入功率的不断增大，铁氧体不断趋于饱和，其磁滞损耗不断增大。而对于纳米晶磁芯，由于其磁饱和强度高，因此随着输入直流电压的增加能保持平稳的传输效率。图 4.25（b）进一步截取了 N87 铁氧体磁屏蔽层系统线圈组在非饱和和饱和时的电流波形图，从图中可以清晰看出，当输出功率增大至 12kW

(a) 双D磁能线圈组示意图　　(b) N87铁氧体磁屏蔽层　　(c) 密铺FT-3M纳米晶磁芯

图 4.24　双 D 磁能线圈组及其部分结构

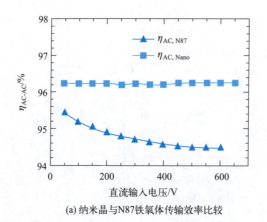

(a) 纳米晶与N87铁氧体传输效率比较

(b) N87铁氧体饱和失谐电流示意图

图 4.25 纳米晶与 N87 铁氧体性能对比

时，铁氧体趋于饱和，导致系统线圈组感值急剧下降，从而使得系统失谐，电流波形不能保持正弦，出现明显畸变。

由上述分析可知，纳米晶磁芯采用叠层工艺以及密铺布置，能够有效降低其内部的涡流损耗，提高传输效率。其自身的高磁饱和强度特性将十分有利于提高系统整体功率密度。

4.4.2 碎化纳米晶带材特性及其应用

纳米晶带材与铁氧体相比，具有高磁饱和强度、低磁滞损耗、良好机械性能等优势。但是其自身的高电导率制约了在高频领域的进一步应用。因此，近年来提出了一种新的纳米晶带材破碎工艺，通过该工艺对传统纳米晶带材进行加工，产生微米尺寸的纳米晶碎块，从而可以控制其磁导率和电导率。如图 4.26 所示，通过对破碎滚轮以及破碎压力的合理设计，可以控制纳米晶带材碎块的大小，从而达到控制其电导率和磁导率的目的；破碎后的纳米晶带材由于加入了绝缘黏结剂，其自身仍然具有良好的机械特性，可以卷绕成圆柱形磁芯作为电感磁芯使用。

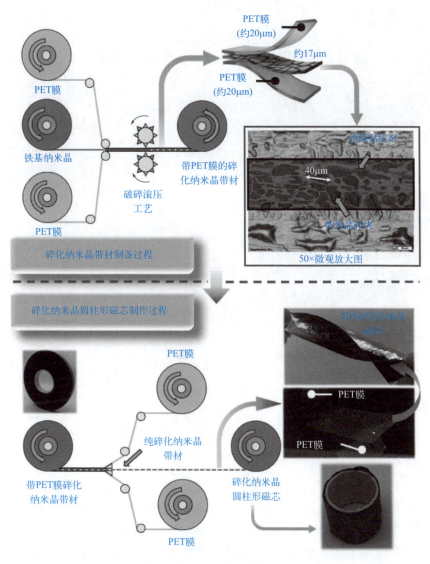

图 4.26　碎化纳米晶带材及其圆柱形磁芯制备过程

剑桥大学的罗志超等人[19]对磁导率均为2000左右的N87铁氧体磁芯以及碎化纳米晶带材进行温度-损耗特性测试。对比图4.27（a）和（b）可知，在强磁密激励（>0.15T）下，N87铁氧体磁芯的损耗密度急剧增加，同时高温下（>80℃）的工作稳定性也不如碎化纳米晶带材。因此，加入破碎工艺后的纳米晶带材，在有效降低涡流损耗的同时，保持较高的磁饱和强度，十分有利于替代传统铁氧体磁芯应用于高功率密度的磁芯设计场合。

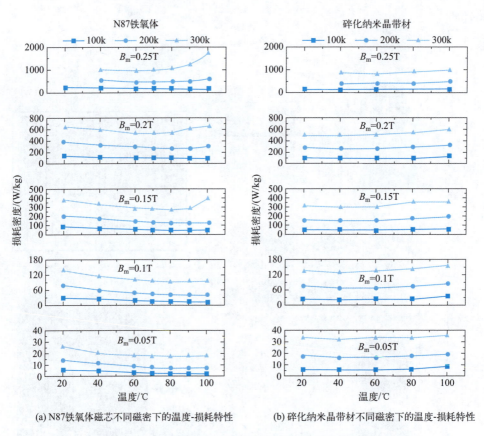

(a) N87铁氧体磁芯不同磁密下的温度-损耗特性　　(b) 碎化纳米晶带材不同磁密下的温度-损耗特性

图4.27　N87铁氧体磁芯与碎化纳米晶带材的温度-损耗特性

此外，安洁无线科技有限公司与同济大学合作成立的新磁芯研发团队根据纳米晶磁芯在车载应用下的主要涡流分布，通过对纳米晶带材进行特殊的晶粒碎化热处理，产生的晶粒间气隙有效阻隔了纳米晶磁芯上的感应涡流，增大了纳米晶的电阻率，使得纳米晶的涡流损耗在85kHz高频下得到明显减小，并利用特殊的交错叠层式拼接工艺，使得纳米晶磁芯具有了高柔性的特点，能承受高强度大幅度的弯曲扭压，如图 4.28 所示。

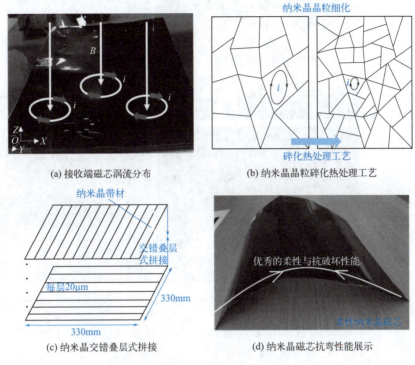

(a) 接收端磁芯涡流分布　　(b) 纳米晶晶粒碎化热处理工艺

(c) 纳米晶交错叠层式拼接　　(d) 纳米晶磁芯抗弯性能展示

图 4.28　新磁芯研发团队对纳米晶磁芯的研究

虽然该工艺有效降低了纳米晶损耗，但同时气隙也增加了退磁场，增大了纳米晶材料内部磁畴的磁化阻力，使得纳米晶的磁导率明显下降。对纳米晶进行不同程度的磁芯碎化处理，可得到四种不同磁导率的纳米晶磁芯 Nano1、Nano2、Nano3、Nano4，它们的相对磁导率分别为 3000、1500、700、400，按照涡流阻隔的工艺，四种纳米晶的磁芯损耗也逐渐减小。从图 4.29 中也可以看出，在相同的 7.7kW 功率的无线电能传输系统激励下，将四种 5mm 厚的纳米晶磁芯放置在线圈接收端，稳定工作直至温度稳定后，测得磁芯表面的最高温度确实呈逐渐改善的趋势，有效地验证了阻隔涡流损耗的研发思路的可行性。同时，在系统传输效率的表现上，磁导率下降到 400 时，系统 DC/DC 效率仍然保持在 92.77%。

特殊工艺改良后的新型纳米晶磁芯从发热损耗和传输效率上证明了其取代 MnZn 铁氧体的可行性。在进一步的 11kW 抗饱和测试中，

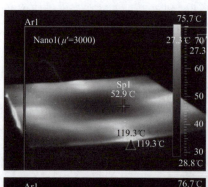 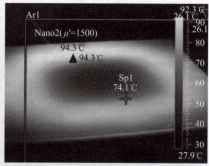
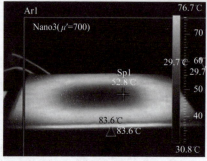 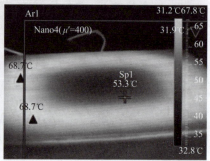

图 4.29　7.7kW 下不同磁导率的 5mm 纳米晶磁芯在线圈接收端的温度分布（见书后彩插）

接收端的纳米晶厚度减小到 2mm，系统仍然具有较好的传输效果，DC/DC 效率在 93.539% 以上，发热稳定在 80.3℃。而相比较而言，铁氧体材料由于抗饱和效果较差，在 3mm 厚度下由于交变强磁场的应力作用，材料容易发生崩裂，并出现裂缝，因此铁氧体难以适合于小体积大功率的应用，高柔性高饱和纳米晶磁芯将会是未来车端电能传输问题更好的解决方案。

本章小结

本章从最基本的磁性材料分类以及磁损产生机理出发，介绍了不同磁性材料的特点以及磁损的有效计算方法。考虑到车载无线充电系统中磁屏蔽层的磁感应强度分布不均的问题，本章着重讨论了如何提高软磁磁芯的利用率，使其整体磁感应强度分布均匀，从而在保证无磁饱和现象的同时提高线圈间的传输效率。此外，本章还讨论了铁基纳米晶带材及其新型碎化纳米晶带材在大功率无线充电应用场合中的可行性，发现其机械、电磁特性都比传统的铁氧体磁芯更加优异。

参考文献

[1] 周益新. 重要磁性材料的应用浅谈[J]. 硅谷, 2013, 17: 121-127.

[2] 潘谷平, 潘明虎. 有序 Ni 纳米线阵列的制备及其磁滞回线[J]. Chinese Journal of Chemical Physics, 1999, 6: 675-680.

[3] 马玉利, 戴心锐. 铁磁材料动态磁滞回线测绘方法的优化设计[J]. 物理与工程, 2012, 22: 32-34.

[4] Steinmetz C P. On the law of hysteresis[J]. IEEE Proceeding, 1984, 72(2): 197-221.

[5] Bertotti G. General properties of power losses in soft ferromagnetic materials[J]. IEEE Transactions on Magnetics, 1988, 24: 621-630.

[6] 张新刚, 王泽忠, 徐春丽. Preisach 理论及其在铁心磁化过程建模中的应用[J]. 高电压技术, 2006, 31: 14-17.

[7] Acero J, Alonso R, Burdio J M, et al. Frequency-dependent resistance in Litz-wire planar windings for domestic induction heating appliances[J]. IEEE Transactions on Power Electronics, 2006, 21: 856-866.

[8] Murthy-Bellur D, Kondrath N, Kazimierczuk M K. Transformer winding loss caused by skin and proximity effects including harmonics in pulse-width modulated DC – DC flyback converters for the continuous conduction mode[J]. IET Power Electronics, 2011, 4: 363.

[9] Gaona D E, Ghosh S, Long T. Feasibility Study of Nanocrystalline-Ribbon Cores for Polarized Inductive Power Transfer Pads[J]. IEEE Transactions on Power Electronics, 2020, 35: 6799-6809.

[10] Strauch L, Pavlin M, Bregar V B. Optimization, design, and modeling of ferrite core geometry for inductive wireless power transfer[J]. International Journal of Applied Electromagnetics and Mechanics, 2015, 49: 145-155.

[11] Castelli-Dezza F, Mauri M, Dolara A, et al. Power pad design and optimization for contactless electric vehicle battery charging system[C]. EEEIC/I&CPS Europe, Milan, Italy, 2017.

[12] 刘志珍, 曾浩, 陈红星, 等. 电动汽车无线充电系统磁芯结构的设计及优化[J]. 电机与控制学报, 2018, 22: 8-15.

[13] 孙跃, 谭若兮, 唐春森, 等. 一种应用于电动汽车的新型耦合机构优化设计[J]. 西南交通大学学报, 2018, 53: 1078-1086.

[14] Mohammad M, Choi S, Islam Z, et al. Core Design and Optimization for Better Misalignment Tolerance and Higher Range of Wireless Charging of PHEV[J]. IEEE Transactions on Transportation Electrification, 2017, 3: 445-453.

[15] 郑立宝, 杨元政, 谢致薇, 等. 环境温度对铁基纳米晶磁芯磁导率的影响[J]. 热加工工艺, 2017, 46: 120-122.

[16] 赵波, 张宁, 李琳, 等. 大容量高频变压器磁芯损耗特性分析及结构选择[J]. 磁性材料及器件, 2016, 47: 39-43.

[17] Gaona D E, Long T. Feasibility Analysis of Nanocrystalline Cores for Polarize and Non-

Polarized IPT Charging Pads[C]. 2019 IEEE Applied Power Electronics Conference and Exposition (APEC), Anaheim, CA, USA, 2019.

[18] Gaona D E, Jiang C, Long T. Highly Efficient 11.1-kW Wireless Power Transfer Utilizing Nanocrystalline Ribbon Cores[J]. IEEE Transactions on Power Electronics, 2021, 36: 9955-9969.

[19] Luo Z, Li X, Jiang C, et al. Characterization of Nanocrystalline Flake Ribbon for High Frequency Magnetic Cores[J]. IEEE Transactions on Power Electronics, 2022, 37: 14011-14016.

第 5 章

车载无线充电系统电路及其控制策略

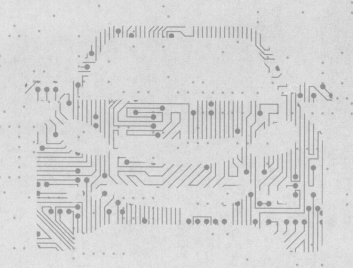

电动汽车无线充电系统需要在较大的空气气隙中传输千瓦级别的功率，系统的工作电流频率为85kHz左右。而目前的市电仅仅为50Hz的低频交流电，因此需要功率因数校正变换器电路先将市电转变为功率因数接近为1的直流电，然后经过高频逆变电路将直流电转化为特定频率（85kHz左右）的激励电流。在输出负载端连接的是电动汽车的动力电池，而动力电池一般只能进行直流充电，因此在接收端还需要加入整流电路。本章将介绍功率因数校正变换器电路、高频逆变电路以及整流电路的基本原理及设计思路。

在以上实现基本功能的电路基础上，需要研究电动汽车无线充电系统的功率控制方法。首先，作为一个车用充电机，无线充电系统根据电池管理系统的需求对充电电流和电压进行实时闭环控制是基本的需求；其次，为了匹配动力电池不同的电压，以及不同的充电工况，如恒流充电、恒压充电过程，一个能大范围调节输出功率的功率控制方法是必需的；再次，电动汽车无线充电系统的工作状态多变，工况复杂，最为关注的便是系统的抗偏移能力，即无线充电系统在发射与接收线圈产生位错时能否继续保持额定输出功率高效运行。

为了保证电动汽车无线充电系统的输出功率和传输效率稳定性，需要加入若干闭环控制系统对系统进行实时控制，电动汽车无线充电系统的功率控制方法从控制器的位置上分类可以分为发射端控制、接收端控制、双边控制。对于无线电能传输系统来说，由于接收端和发射端分别在地面和车载端，系统被分割开来，控制信号或反馈信号可能要通过无线通信方式进行传输，因此功率控制问题具有独特的解决思路。

5.1 功率因数校正变换器电路

5.1.1 功率因数校正技术原理

功率因数校正（power factor correction，PFC）技术是用于车载充电系统中非常重要的一部分，是其满足电力电子产品相关绿色环保要求的必需装置，是未来车载充电机发展中的关键技术。

车载充电机使用交流电源作为输入源，在没有接功率因数校正变换器电路只进行单纯的整流后，输入电流会因为整流电路的非线性而产生严重畸变,如图 5.1 所示。对畸变电流进行傅立叶分析,在与工频同频的基波电流基础上,有大量高于工频的电流分量,称为谐波。畸变电流与输入电压不能保持同一相位,高次谐波不做功,有功功率为零,从而导致系统整体功率因数下降且有功功率降低。大量高次谐波会对整个系统和交流电源产生严重干扰,用于车载充电机系统中必须加装功率因数校正变换器电路的另一个主要原因是为了满足国际规范对电源谐波含量及功率因数制定的要求,使得电磁环境更加干净。一些国家强制推行了国际电工委员会(IEC)标准 IEC555-2(1982)、美国电气与电子工程师协会(IEEE)标准 IEEE 519(1992)等,我国也颁布了 GB/T 14549—1993《电能质量 公用电网谐波》标准。其中,IEC555-2 标准自 1994 年起已在欧盟国家全面实施,所有在欧盟市场销售的用电装置都必须满足这一标准[1]。

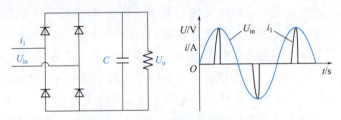

图 5.1 全桥整流变换器结构及其波形图

因此,在大功率等级下的车载充电机系统内,需要加装功率因数校正变换器电路。一是可以增大系统功率因数,提高有功功率;二是可以有效抑制谐波电流,减小谐波电流对系统的干扰和对输入源的干扰,降低对电网的污染。

在线性电路里,电流流过非阻性负载时,会和电压发生相位差 φ。一般来说,把有效功率 $VI\cos\varphi$ 与视在功率 VI 的比值称为功率因数(power factor,PF)。其中,输入电压有效值为 V,输入电流有效值为 I。为了表征电流中高次谐波的影响程度,通常使用总谐波畸变 THD (total harmonic distortion)来表示。总谐波畸变的定义如下:

$$\text{THD} = \frac{\sqrt{I_2^2 + I_3^2 + \cdots + I_n^2}}{I_1} = \frac{\sqrt{\sum_{n=2}^{\infty} I_n^2}}{I_1} \tag{5.1}$$

式中,I_1 为基波电流幅值;$\sqrt{I_2^2 + I_3^2 + \cdots + I_n^2}$ 为所有高次谐波电流分量的总有效值。

在非线性电路中，功率因数可表示为：

$$PF = \frac{1}{\sqrt{1+THD^2}}\cos\varphi \tag{5.2}$$

式中，φ 为输入电压与基波电流的相位差。

由式（5.2）可知，THD 越小，功率因数越高，对电网的污染越小；基波电流与电压相位差越大，功率因数越低。在实际功率为一定值的前提下，PF 值越高，所需视在功率就越小，从而能够提高能源的利用率，降低电力成本，提高经济效益，充分发挥设备的能力，也可以减小无功功率带来的损耗，进而减少线路压降，改善电网质量。

功率因数校正技术正是为了保证高功率因数电能传输而被提出。功率因数校正技术需要实现输入参数和输出参数的共同控制。其中，输出参数需要实现输入电流严格跟随输入电压，即电感电流跟随输入正弦交流电压，输出参数需要实现在不同负载下输出电压保持稳定，为一固定值。在变换器电路正常工作时，输入电流会跟随输入电压，保持正弦波形且同相位。提高功率因数是通过补偿网络的输入阻抗，使得输入电流接近正弦波，进而提高功率因数。具体实现的方法一般有：无源滤波法、有源滤波法和有源功率因数法等。功率因数校正的方法可以用等效电路进行分析和优化，功率因数校正变换器需要实现输入参数和输出参数的共同控制。

具体到电路实现上，PFC 变换器电路的基本拓扑结构有三种类型：降压式、升降压式和升压式。其中，降压式 PFC 变换器电路只能实现降压功能，输入电流不连续，限制了变换器的转换功率，另一方面输入电流纹波较大，滤波困难，在变换器工作时，开关管上的应力比较大，因此很少用于 PFC 变换器电路；升降压式 PFC 变换器电路需用两个功率开关管，其中一个开关管的驱动控制信号浮动，电路比较复杂，因此采用得比较少；升压式 PFC 变换器电路输出电压高于输入电压，简单电流型控制，输入纹波电流小，在较大输入电压范围内可保持很高的功率因数，总谐波失真小，效率高。

图 5.2 所示为升压型功率因数校正变换器电路的基本工作原理图，主电路由单相桥式整流器、升压型 DC/DC 转换器组成；控制电路包括电压误差放大器 VA 及基准电压 U_r、电流误差放大器 CA、乘法器 M、脉宽调制器 PWM 和驱动器等。

PFC 的工作原理是：输入电流及电感电流 i_L 由电流采样电阻 R_s

检测，将检测到的信号送入电流误差放大器 CA 中。乘法器 M 有两个输入，即 X 和 Y。转换的输出采样电压 U_f（图 5.2 中 H 为分压系数）和基准电压 U_r 进行比较，其差值通过电压误差放大器 VA，VA 的输出信号为 X；整流后的输入电压 u_{dc}（一个工频周期内为正弦双半波）的检测值即为 Y。乘法器的输出 Z（Z=XY）作为电流反馈控制的基准信号，与电感电流 i_L 的检测信号比较，经电流误差放大器 CA 放大后，输出控制信号 u_c，u_c 被锯齿波调制成 PWM 信号，再由驱动电路控制开关管 V 的通/断，从而使整流输入电流（即电感电流）i_L 跟踪整流电压 u_{dc} 的波形，使电流谐波大为减少，输入端的功率因数提高。

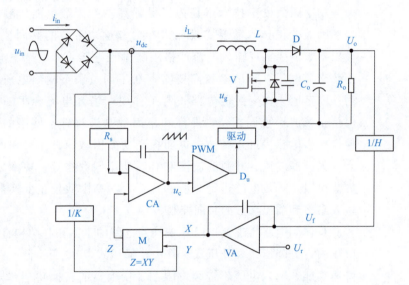

图 5.2 升压型功率因数校正变换器电路原理图

图 5.3 所示为输入电压 u_{dc}、u_{in} 波形和经过校正后的输入电流 i_L、i_{in} 波形。输入电流 i_L 经 PWM，使原来呈脉冲状的波形被调制成接近工频正弦（含有高频纹波）的波形。在一个开关周期内，当开关管 V 导通时，$i_D=0$，$i_L=i_V$；当开关管 V 关断时，$i_V=0$，$i_L=i_D$。i_D 为二极管 D 的电流，i_V 为开关管 V 的电流。输入电流有高频纹波，但每一个高频开关周期内的电流平均值或峰值为正弦波（电流纹波很小时，高频电流平均值包络线与峰值包络线很接近）。

这里介绍几种常见的 PFC 控制方法：

① 图 5.4（a）所示为平均电流型控制的电流波形。储能电感的电流为连续导通模式，开关频率恒定。开关管电流有效值小，EMI（电

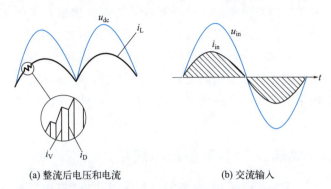

(a) 整流后电压和电流　　　　　(b) 交流输入

图 5.3　经过校正后的输入电流 i_L、i_{in} 波形和输入电压波形 u_{dc}、u_{in}

磁干扰）滤波器体积小；输入电流波形失真小；能抑制开关噪声；电路稳定性好，电压输入范围宽，无须斜坡补偿，测量精度高和适用功率范围宽。但控制电路复杂，需要用乘法器和除法器，需检测电感电流，有电压、电流控制环路。一般应用于中大功率和 PF 值要求高的场合。

② 图 5.4（b）所示为滞环电流型控制电流波形。开关频率变化，电流在滞环带内发生功率管开通/关断操作，使输入电流上升、下降。电流波形平均值 I 取决于电感输入电流。不需要进行斜坡补偿，因此稳定性好。缺点是需要对储能电感电流进行周期检测和控制。

③ 图 5.4（c）所示为峰值电流型控制电流波形。储能电感的电流为不连续导通模式，开关频率变化。不连续导通模式采用跟踪器，方法简单，控制电路容易搭建，动态特性好。但有如下缺点：容易发生谐波振荡，需要进行斜坡补偿；PF 值和输入电压与输出电压的比例有关；

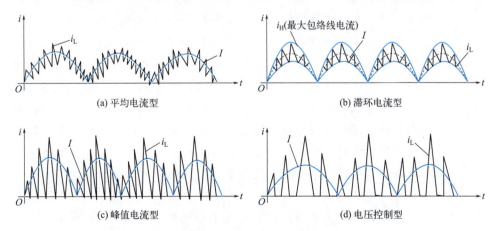

(a) 平均电流型　　　　　　　(b) 滞环电流型

(c) 峰值电流型　　　　　　　(d) 电压控制型

图 5.4　PFC 四种控制方法波形

开关管的峰值电流大,导致开关管损耗增加;对噪声敏感,抗干扰能力差。因此,一般适用于小功率的家用电器、电池充电器等场合。

④ 图 5.4(d)所示为电压控制型控制电流波形。工作频率固定,电流不连续,采用固定占空比的方法,电流自动跟踪电压。一般用在输出功率比较小的场合,且在单级功率因数校正技术中多采用电压控制型方法。

5.1.2 其他典型 PFC 变换器电路拓扑结构介绍

图 5.5 所示为四种典型的无桥 PFC 变换器电路拓扑结构。图 5.5(a)为基础型无桥 PFC 变换器电路,该电路比图 5.1 所示的全桥整流变换器电路结构省去了整流桥,电路结构简单,但仍具有 BOOST(增压)功能,即相当于双 BOOST PFC 变换器电路,所以又称为 DUAL BOOST PFC(简称 DB PFC)变换器电路。它由两个快恢复二极管 D_1 和 D_2、两个开关管 S_1 和 S_2 和一个升压电感 L 组成。S_1 和 S_2 由同一控制信号进行控制,同时导通和关断。交流源接入 PFC 时,无桥 PFC 变换器电路可以等效为正周期 BOOST 和负周期 BOOST 的传统 PFC 变换器叠加。

图 5.5(b)为全桥 PFC 变换器电路拓扑结构图。它是把传统 PFC 变换器的整流桥部分由 4 个开关管来替换,同时升压电感放在整流桥之前、交流源之后。在全桥 PFC 变换器工作时,上管 S_1 和 S_4 的电流会通过体二极管流动,即反向流动。其工作状态和基本无桥型 PFC 变换器基本一致,优点是省去整流桥的部分,可以减少导通损耗,提高效率。缺点是开关管数量多,成本较高,同时控制较为复杂。

图 5.5(c)为双向开关型无桥 PFC 变换器电路拓扑结构图。它是由升压电感和 4 个二极管之间加入两个反接的开关管构成的。在交流源输入端为正半周期时,开关管 S_1 导通,电流流过 S_2 的体二极管,此时升压电感储存能量。当 S_1 关断时,电流通过 D_1 和 D_4 流动,交流源和升压电感同时为负载提供能量。同理,交流源输入端为负半周期时的工作模式,和正半周期相似。优点是省去整流桥的部分,可以减少导通损耗,提高效率。缺点是两个开关管的驱动较为复杂,需要设计隔离驱动电路。

图 5.5(d)为图腾柱 PFC 变换器电路拓扑结构图。它是由二极管 D_1、D_2 和开关管 S_1、S_2 组成。当交流源输入在正半周期,开关管 S_1

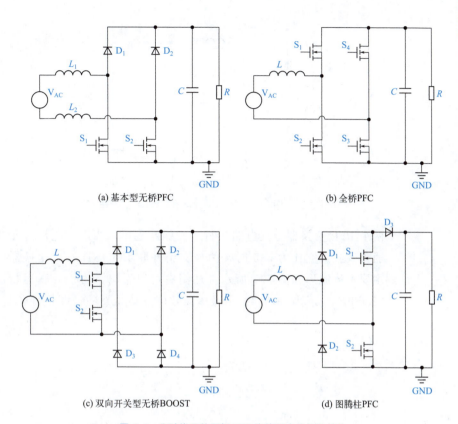

图 5.5 几种常见的无桥 PFC 变换器电路拓扑结构

导通时,电流通过 D_1 和 S_1,此刻升压电感进行储能。当开关管 S_1 断开时,电流通过 D_1 和 D_3 的体二极管形成回路。同理,交流源输入端为负半周期时的工作模式和正半周期相似。优点是省去整流桥的部分,可以减少导通损耗,提高效率。缺点和双向开关型无桥 PFC 变换器类似,两个开关管的驱动较为复杂,需要单独设计隔离驱动电路。

由多个传统的 PFC 变换器并联运行,且每个 PFC 单元的功率开关管依次错开 $1/N$ 个开关周期导通时,称之为交错并联 PFC 变换器[2]。目前出现的交错并联 PFC 变换器有多种拓扑结构,这些结构通常由 BOOST、BUCK(降压)、BUCK-BOOST、Cuk 等 PFC 变换器组合得到,其中交错并联 BOOST PFC 变换器是应用最广的一种电路结构。

图 5.6 所示为两相交错并联 BOOST PFC 变换器电路,两个元器件参数一致的传统升压型 PFC 变换器电路并联起来组合成总的主电路,电路中的两个开关管 PWM 驱动信号的起始时刻相隔 $1/2$ 个开关周期,

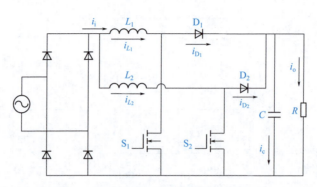

图 5.6　两相交错并联 BOOST PFC 变换器电路

两个 PFC 变换器分支电路运行于交错状态[3]。当电感电流处于临界导通模式且占空比为 0.5 时，两相交错并联 BOOST PFC 变换器电路的主要电流波形如图 5.7 所示。从图中可以看出，由于并联运行的两个 MOSFET（金属-氧化物-半导体场效应晶体管）的通断情况正好互补，

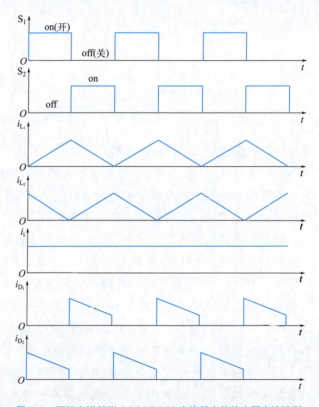

图 5.7　两相交错并联 BOOST PFC 变换器电路的主要电流波形

流过两个升压电感和续流二极管电流的上升和下降趋势也是互补的,所对应的总输入电流和总输出电流的波形成分将在很大程度上得到降低[4,5]。从滤波器的设计上来看,与传统的 PFC 变换器电路相比,采用并联交错式结构可以降低输入侧 EMI 滤波器的设计难度和输出电容的容量;从开关器件承受的电流应力来考虑,相同功率等级下,采用并联交错式结构后每个分支电路的电流变为传统单相 PFC 变换器电路的一半,这样就可以选用参数较小的元器件,节省成本。虽然采用交错并联式结构时,主电路中的元器件要多一些,外围的控制电路相对来说要复杂一些,但是这样能够降低开发人员备受折磨的 EMI 问题,在功率等级和设计合理的情况下成本也能大幅减少,同时还可以使变换器的功率密度得到进一步提升[6-8]。

5.2 高频逆变电路

要在较大距离的空气气隙中传递大功率能量,通常需要较高频率的激励电流在发射线圈组中激发出高频的电磁场。为了能够产生特定频率的激励电流,需要在功率因数校正单元后端加入高频逆变电路。

用于电动汽车充电的无线充电系统中,逆变器的作用是将 PFC 变换器输出的直流信号逆变为交流输送给发射谐振器,PFC 变换器输出可以等效成恒压源,故无线充电系统中选用的逆变器种类是单相电压型高频逆变器。

常用的单相逆变器按照主电路结构可分为推挽式、半桥式、全桥式逆变器。它们有各自的优点和缺点,其性能对比和应用情况如表 5.1 所示。

表 5.1 单相逆变器的性能对比与应用情况 [9]

项目	推挽式	半桥式	全桥式
开关管端电压	$2U_d$	U_d	U_d
逆变器输出电压幅值	U_d	$0.5U_d$	U_d
开关管的数量	2	2	4
栅极驱动功率	小	中等	大
适用的功率容量	中等	中等	大

表 5.1 中，U_d 为输入直流电源的电压。在表中的三种逆变器的主电路结构中，推挽式逆变器其开关管的端电压是 2 倍的直流源电压，这就限制了其无法在高输入电压时进行工作，或者对开关管的耐压要求很高；而半桥式逆变器输出电压幅值为 0.5 倍的直流源电压，故半桥式逆变器不适用于高功率场合。

在相同的传输功率下，推挽式逆变器需要开关管的耐压是全桥式逆变器的 2 倍，而半桥式逆变器的输入直流源的电压是全桥式的 2 倍。在电动汽车的无线充电系统中，系统传输功率至少是几千瓦，在实际应用中，希望对元器件和输入电压的要求越低越好。综上，电动汽车无线充电应选用能够适用于高功率场合的全桥式逆变器。

适用于高功率场合的电动汽车无线充电系统的全桥式逆变器的主要特点包括：①输入用恒压源，且由于并联大电容，故电压基本无脉动；②逆变器输出电压波形为矩形波，由于谐振器的拓扑结构具有 LC 滤波的作用，交流侧输出电流为正弦波，且系统的等效输入阻抗为纯负载，故逆变器输出电压与电流同相位；③由于逆变器输出侧的等效阻抗为纯电阻，故逆变器中各桥臂的开关管均需要并联续流二极管使输出侧的无功能量能反馈回输入侧的大电容中。

由于设计的逆变器是进行高频的直流-交流变换，故一般可选用开关速度较快、频率速度较高的功率 MOSFET。全桥式逆变器的基本电路图如图 5.8 所示。在图 5.8 中，U_d 为输入直流电源电压，4 个功率 MOSFET 由 4 路信号驱动。全桥式逆变器共有 4 个桥臂，当逆变器输出电压波形无死区时，桥臂 1 和桥臂 2 组成一对，桥臂 3 和桥臂 4 组成一对，成对的两个桥臂同时导通而且两对交替各导通半个周期，使得逆变器输出电压呈现幅值为 $\pm U_d$ 交替的方波。全桥式逆变器输出电压无死区的时序图如图 5.9 所示。由于高频逆变电路中采用的开关管均

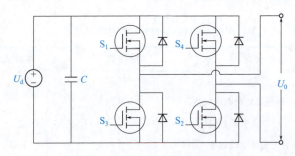

图 5.8　全桥式逆变器的基本电路图

为大功率的 MOSFET，需要额外设计驱动电路对其进行驱动。而驱动电路设计的合理性将直接影响到逆变器工作的稳定性。

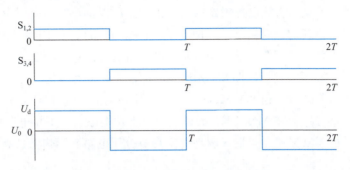

图 5.9　全桥式逆变器输出电压无死区时序图

MOSFET 属于压控元件，通常可以用一定频率的方波信号使 MOSFET 导通或者关断。目前，产生方波信号最常用的就是借助于微控制器（MCU）的脉宽调制模块（PWM 模块）。但是由于 MCU 输出的 PWM 信号不具备驱动 MOSFET 的能力，所以通常会使用光耦或者半桥驱动芯片来驱动 MOSFET。

在实际应用中，MOSFET 的寄生参数会对其外围驱动电路元器件的取值产生影响，其等效电路如图 5.10 所示。其中，C_{GS}、C_{GD} 和 C_{DS} 为 MOSFET 的寄生电容，其对 MOSFET 的工作状态有很大的影响。R_d 为栅极驱动电阻，通常为几欧姆到几十欧姆，通过改变 R_d 的大小能影响门极驱动电流的大小，进而影响 MOSFET 的导通和关断速度。L_p 为 PCB（印刷电路板）布线、MOSFET 的引脚长度等引入的等效电感。因此，等效电感和 MOSFET 寄生电容 C_{GS} 的存在，使得 MOSFET 的驱动信号，即 GS（栅源）间驱动电压表现为一个二阶系统特性。当 R_d 过小时，会出现欠阻尼状态，即驱动电压会有尖峰和振荡现象，产生所谓的"振铃"现象。驱动信号电压尖峰的出现，一方面能够产生一个电流尖峰给寄生电容 C_{GS} 快速充电，从而使开关管快速达到开启电压；另一方面，电压的尖峰突变导致高频的开关噪声。所以，栅源间驱动电压尖峰引起的导通速度变快和开关噪声有必然联系，在实际设计中，应进行权衡以决定是抑制还是保留电压尖峰。

在驱动信号为低电平，即希望控制 MOSFET 关断时，由于 MOSFET 的栅源间寄生电容 C_{GS} 的存在使得驱动电压并不能立刻下降为零，使得 MOSFET 关断速度减慢。但是在高频逆变器中如果关断速度过慢，会导致上下桥臂的两个 MOSFET 发生直通的现象,即这两个 MOSFET 均处于导通状态,这样会使得输入电源短路,轻则使系统无法正常工作,重则会损坏设备仪器以及元器件。所以,在实际应用中应设计寄生电容电荷的泄放电路。如图 5.10 所示,在栅极驱动电阻处并联一个二极管 D_1。在需要关断 MOSFET 时,寄生电容 C_{GS} 的电荷直接从二极管流过而不经过栅极驱动电阻,这样便可以大大缩短寄生电容的放电时间,提高关断速度。MOSFET 在高阻态时,为了不被微小电压击穿或意外导通,在 MOSFET 的栅极会有下拉电阻 R,下拉电阻的数量级一般为千欧以避免与栅极驱动电阻形成分压电路而影响栅极驱动电压。

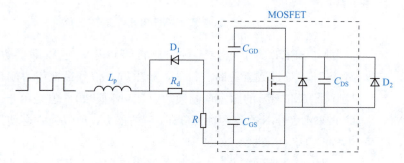

图 5.10　MOSFET 的等效电路示意图

当全桥式逆变器的负载为感性或纯阻性负载时,逆变器输出会有电流通过 MOSFET 的体二极管流回至输入侧的大电容中,即当 DS(漏源)极有反向电流产生时,MOSFET 的体二极管可以起到反向通路的作用,但此时在体二极管上是有功耗的,尤其在高频以及对效率要求较高的场合,体二极管的恢复速度和压降都达不到设计的要求。因此,可以在 MOSFET 的 D、S 间并联一个快恢复二极管以减小功耗,提高系统的效率,如图 5.10 中的 D_2。

对于全桥式逆变器,其最典型的控制方式为双极性控制。双极性控制方式要求前半周期开关 S_1 和 S_2 同时开启和关断,后半周期开关 S_3 和 S_4 同时开启和关断,4 个 MOSFET 的占空比均相等。但是该控制方法仅适用于电阻性负载,当逆变器的负载存在感性或容性器件时,逆变器输出电流是正弦波,输出电压方波将失真,如图 5.11 所示。

为了解决输出电压方波失真的问题,移相控制是另外一种比较常用的控制方法。移相控制是需要 S_1 和 S_3 或者 S_2 和 S_4 中的一对上下桥臂的 MOSFET 延时,另外一对上下桥臂的 MOSFET 导通,而 4 个 MOSFET

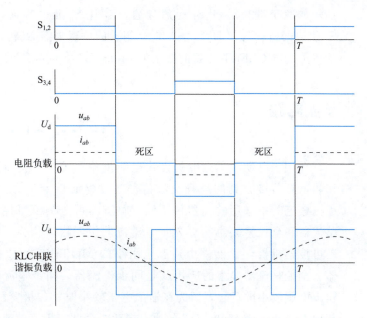

图 5.11 基于双极性控制的电阻负载和 RLC 串联谐振负载的逆变器工作波形图

的占空比相等,这样,延时导通的那对上下桥臂自然也会延时关断,能使得逆变器输出电压死区不失真。

用移相控制方式控制全桥式逆变器的 MOSFET 时,假设如图 5.12

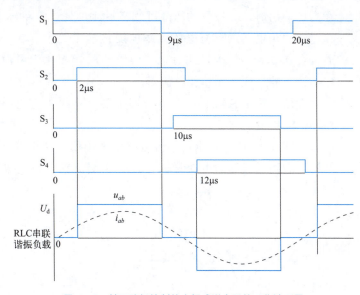

图 5.12 基于移相控制的全桥式逆变器的工作波形图

所示的逆变器中 S_2 比 S_1 延时导通，S_4 比 S_2 延时导通，那么称 S_1 和 S_3 组成的桥臂为超前臂，S_2 和 S_4 组成的桥臂为滞后臂。移相时间是滞后臂上的 MOSFET 比超前臂上的 MOSFET 延时导通的时间。

5.3 整流电路

在用于电动汽车充电的无线电能传输系统中，整流器的作用是将接收谐振器接收到的高频交流信号通过整流后给动力电池进行充电。根据整流器中选用的元器件不同，整流器可分为不可控整流器、相控整流器和全控整流器[10]。例如，整流器中元器件均为二极管组成的为不可控整流器，元器件由通态电阻小的 MOSFET 组成的为全控整流器。全控整流器典型的应用就是同步整流器，同步整流器通常应用于输出电压较小的场合，因为在输出电压较小时，二极管由于压降较大，其通态损耗大于 MOSFET 的通态损耗，因此二极管整流器在低压时效率较低。但是，同步整流技术的缺点是需要对 MOSFET 进行导通与关断的控制，需要设计驱动电路和控制算法，使得系统变得复杂。所以，当输出电压较高时，通常不使用同步整流器，而是应用电路结构简单、无须驱动和控制且成本较低的不可控整流器，如二极管整流器，因为在高压输出时，二极管的压降可忽略不计，对效率影响较小。

在用于电动汽车充电的无线电能传输系统中，动力电池包的电压通常会在 300~400V，此时，二极管的压降相比于电池包的电压可忽略不计，故一般选用单相整流器。

常用单相整流器的主电路结构主要有全桥整流电路、全波整流电路和倍流整流电路。

如图 5.13 所示，全桥整流电路中采用四个二极管，互相接成桥式结构。利用二极管的电流导向作用，在交流输入电压 u_2 的正半周内，

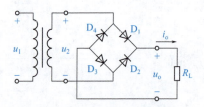

图 5.13 全桥整流电路示意图

二极管 D_1、D_3 导通，D_2、D_4 截止，在负载 R_L 上得到上正下负的输出电压；在负半周内，正好相反，D_1、D_3 截止，D_2、D_4 导通，流过负载 R_L 的电流方向与正半周一致。因此，交变的电压经过整流电路后，可以在负载上得到方向不变的脉动直流电压和电流。

全波整流电路如图 5.14（a）所示，是一种对交流整流的电路。在这种整流电路中，在半个周期内，电流流过一个整流器件（如晶体二极管），而在另一个半周内，电流流经第二个整流器件，并且两个整流器件的连接能使流经它们的电流以同一方向流过负载。全波整流电路整流前后的波形与半波整流所不同的，是在全波整流中利用了交流的两个半波，这就提高了整流器的效率，并使已整电流易于平滑，因此在整流器中广泛地应用着全波整流。在应用全波整流时，其电源变压器必须有中心抽头。无论正半周或负半周，通过负载电阻 R 的电流方向总是相同的。

常用的倍流整流电路拓扑如图 5.14（b）所示，与传统的变压器副边带中心抽头的全波整流电路相比，倍流整流电路有以下优点：减小了变压器副边绕组的电流有效值；变压器利用率较高，不需要中心抽头，结构简单；输出电感纹波电流抵消可以减小输出电压纹波；双电感也更适合于分布式功率耗散的要求。与全波整流电路相比，倍流整流电路的高频变压器的副边绕组仅需一个单一绕组，不用中心抽头；与全桥整流电路相比，倍流整流电路使用的二极管数量少一半。因此，倍流整流电路结合了全波整流电路和全桥整流电路两者的优点。当然，倍流整流电路要多使用一个输出滤波电感，结构略显复杂。但此电感的工作频率及输送电流均为全波整流电路所用电感的一半，因此可做得较小[11]。

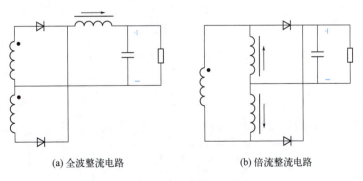

(a) 全波整流电路　　　　(b) 倍流整流电路

图 5.14　变压器副边整流电路

三种单相整流器的主电路结构的性能对比和应用情况见表 5.2。表 5.2 中，U 为整流桥输入电压的有效值，I_L 为负载电流，V_D 为二极管的压降。相比于全波和倍流整流电路，全桥整流电路其二极管承受的最大反向电压较低，而且适用于输出电压较高的场合。所以，全桥整流电路更适用于电动汽车无线充电系统。

表 5.2　单相整流器主电路结构的性能对比和应用情况

项目	全桥整流	全波整流	倍流整流
平均输出电压	$0.9U$	$0.9U$	$0.45U$
流过二极管的平均电流	$0.5I_L$	$0.5I_L$	$0.5I_L$
二极管最大反向电压	$\sqrt{2}U$	$2\sqrt{2}U$	$2\sqrt{2}U$
二极管数量/个	4	2	2
二极管总通态损耗	$2V_D I_L$	$V_D I_L$	$V_D I_L$
应用领域	输出电压＞100V	输出电压 5～100V	输出电压＜5V

5.4　发射端控制方法

H 桥逆变电路输出正负电压波形决定了车载无线充电系统传输特性，其典型波形如图 5.15 所示，输出波形幅值 A、脉宽 W 及周期 T 决定了无线充电系统充电电流大小，因此可称之为三个功率调节自由度。对于自由度 1，即幅值 A 的在线调节，可以通过在 H 桥逆变电路前端加入准 Z 源电路实现；对于方波脉宽的调节，可以采用移相控制

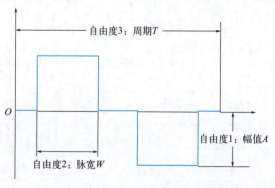

图 5.15　无线充电系统功率调节自由度定义

方法实现；而对于方波周期的调节，目前存在较大的分歧。由于对系统的谐振频率进行改变有可能导致系统的不稳定以及需要对谐振元器件的参数进行重新匹配，当系统输出功率上升时，系统的零相角（zero phase angle）角频率不止一个，存在频率劈裂现象。此时，变频控制器无法在多个零相角频率中得到最佳的相角，将会使系统偏移额定的工作点，从而导致传输功率明显下降。

基于上述分析，本书中关于发射端控制方法将主要从基于准 Z 源的方波幅值控制方法展开讨论。

5.4.1 Z 源工作原理

Z 源逆变器或称阻抗源逆变器，是彭方正教授于 2003 年提出的[12]。Z 源逆变器最初是用于稳定电压特性较弱的燃料电池堆输出电压，之后得到了广泛的应用。Z 源逆变器可以分为电压型和电流型，本书除非作特殊标注，所使用的都是电压型 Z 源逆变器。图 5.16（a）给出了 Z 源的典型电路，其是由两个电感和两个电容呈 X 形连接组成，当电感 L_1 和 L_2 逐渐变小，Z 源将简化为一个电容，即变为传统的电压源；而当电容 C_1 和 C_2 逐渐变小，Z 源将简化为一个电感，即变为传统的电流源。当 Z 源的输出端被短路时，即处于直通状态时，图 5.16（a）将简化为图 5.16（b），此时电容 C_1 给电感 L_1 充电，电容 C_2 给电感 L_2 充电。当 Z 源从直通状态进入非直通状态时，图 5.16（a）将简化为图 5.16（c），此时电压源 V_s、电感 L_1 和电感 L_2，电容 C_1 和电感 L_1，电容 C_2 和电感 L_2 一同对外供电。Z 源电路的电压变比公式为：

$$V_o = \frac{1}{1-2D_Z}V_s \tag{5.3}$$

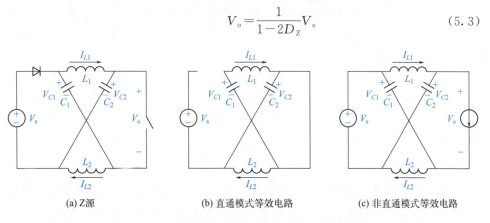

(a) Z源　　　　(b) 直通模式等效电路　　　　(c) 非直通模式等效电路

图 5.16　Z 源电路及其两种不同工作模式下的等效电路

式中，D_z 为直通时间与整个开关周期的比值。

Z 源电路内部的电流电压关系参考图 5.17。直通状态下，由于电容电压高于输入电压，即 $V_C > V_s$，二极管 D 处于截止状态，直流源不向电路提供能量，输入电流 I_{in} 为 0。此时电容端电压直接连接在电感两端向电感充电，电容电压 V_C 下降，电感电流 I_L 上升，电容电流 I_C 为负值。

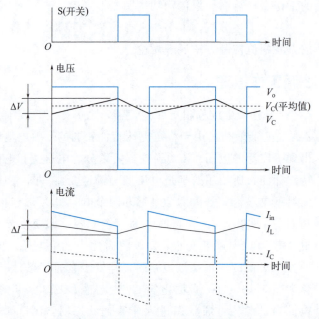

图 5.17　不同状态下的 Z 源内部电流与电压

非直通状态下，二极管 D 导通。电感 L 续流，与直流源一起为负载提供能量，导致输出电压高于输入电压 $V_o > V_s$。此时电感电流 I_L 下降，直流源给负载供能的同时向电容充电，输入电流为电感电流和电容电流的和 $I_{in} = I_L + I_C$，处于充电状态的电容端电压 V_C 上升。

Z 源通过开关 S 的导通与关断，使得电路在直通状态与非直通状态之间切换，实现了输出升压功能。

5.4.2　准 Z 源工作原理

图 5.18 所示为基于准 Z 源的车载无线充电系统功率调节方法。主要包括输入电压源 V_s、准 Z 源、H 桥、发射端和接收端谐振腔、整流滤波器及电池包。准 Z 源是第一次被引入无线充电系统，通过将输入电压源和 H 桥逆变电路耦合在一起，并通过控制 H 桥逆变电路中任一

桥臂直通，即可控制准 Z 源的输出电压幅值，进而控制 H 桥输出正负方波幅值大小。又因为 LC-LC 串联拓扑或者 LCL-LCL 拓扑都具有恒流特性，即可通过调节二者的输入电压来控制充电电流大小，最终实现充电功率的控制。

与传统的功率调节方法相比[5,6,8]，图 5.18 所提的方案具有以下优点：

第一，传统拓扑中 H 桥逆变电路是不允许出现直通现象的，因为这会引起短路并烧毁器件，但在图 5.18 所示拓扑中，正是因为直通现象的存在才可能实现功率在线调节，当 H 桥处于传统工作模式下时，准 Z 源对输入输出没有影响，只作为一个二阶滤波器存在，当周围环境有 EMI 干扰导致同桥臂的 MOS 管误开启时，准 Z 源还可以保护 H 桥逆变电路，防止其烧毁，间接地提高了系统工作稳定性。

第二，该拓扑功率调节部分位于发射端，而接收端只有整流滤波器件，实际应用中车载无线充电系统的发射端一般埋在地下，对其体积及重量并无特殊要求，但是接收端一般位于车底盘下，要求其体积重量尽量小，图 5.18 所示主拓扑的结构恰好满足实际要求。

第三，传统功率调节部件一般都位于接收端，因此必须有相应的控制器，在图 5.18 所示的电路拓扑中，接收端的控制器可以省略，而充电电流及电池包电压可由电池组管理系统测量，这种结构降低了系统成本。

准 Z 源结构在两种典型工作状态下的等效电路如图 5.19 所示。当处于直通状态时，电压源 V_s 和电容 C_1 给电感 L_1 充电，电容 C_2 给电感 L_2 充电。当处于非直通状态时，电压源 V_s、电容 C_1 和电感 L_1 一同对

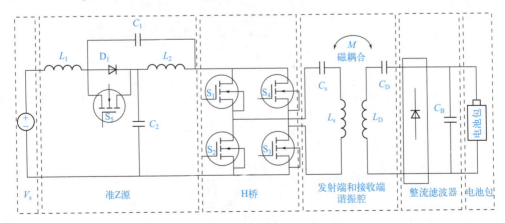

图 5.18 车载无线充电系统主拓扑结构

外供电,电容 C_2 和电感 L_2 一同对外供电。

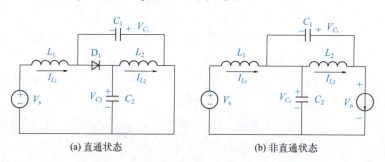

(a) 直通状态　　　　　　　　　(b) 非直通状态

图 5.19　准 Z 源结构直通状态和非直通状态下的等效电路

与 Z 源相比较,准 Z 源电路在相同的直通占空比 D 条件下具有相同的升压比例系数,故 Z 源的控制策略在准 Z 源电路上同样适用。而准 Z 源具有如下两项优势:①在直通状态下电感 L_1 的充电由电容 C_1 和直流源同时完成,其中电容 C_1 的电压更低,可以选用低耐压值的电容,降低成本;②尽管在直通状态下 D_1 处于截止状态,但是直流源仍提供电流 I_{L_1},电源输出电流连续,不会形成电流中断。

如图 5.20 所示的准 Z 源的电压增益曲线,和传统 BUCK 或 BOOST 变换器不同,准 Z 源的占空比 D_Z 不能为 50%,当占空比 D_Z 小于 50% 时,电压增益大于 0,而当占空比 D_Z 大于 50% 时,系统进入负增益区,即准 Z 源输出电压为负值,这种工作状态在实际应用几乎用不到,因此本书将准 Z 源的最大工作增益设为 50%。

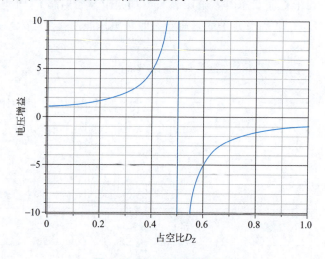

图 5.20　准 Z 源电压增益曲线

5.4.3 准 Z 源 DC/DC 变换器控制方法

所有传统的 H 桥逆变电路控制策略都适用于本节所提出的主电路拓扑，而且它们相应的输入输出关系仍然成立，但唯一不同的是需要在控制中加入直通时间。本节所提的主电路拓扑有两种典型的控制模式：第一种是传统的移相控制模式，H 桥逆变电路具体控制时序如图 5.21 所示，此时的准 Z 源对 H 桥输入电压波形不产生影响，只作为一个二阶滤波器存在，由于该种控制方法已被广泛应用[7]，本节不再赘述；第二种是升压控制模式。

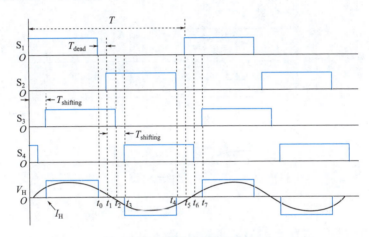

图 5.21 传统移相控制时序

当系统传输功率需要增加时，H 桥逆变电路将进入一种新的工作模式，即升压控制模式，具体控制时序如图 5.22 所示。与图 5.21 不同，在图 5.21 控制时序中，增加了直通控制时间 $T_{shoot-through}$，直通控制时间 $T_{shoot-through}$、移相时间 $T_{shifting}$ 和死区时间 T_{dead} 共同影响着 H 桥输出电压波形。系统一个谐振工作周期为 T，准 Z 源的一个工作周期为 $T/2$，其一个工作周期由直通控制时间 $T_{shoot-through}$ 和非直通控制时间 $T_{non-shoot-through}$ 组成。图 5.22 中直通控制时间由滞后桥臂的 MOS 管 S_3 和 S_4 同时导通实现，或者可由超前桥臂的 MOS 管 S_1 和 S_2 同时导通实现，直通状态的实现方式完全由实际应用情况决定。图 5.22 中，时间 t_0 到时间 t_7 为一个完整的时序控制周期，由于 $t_0 \sim t_3$ 和 $t_4 \sim t_7$ 时间段的工作模式是相同的，故只阐述 $t_0 \sim t_3$ 时间段的系统工作模式。在时刻 t_0 处，MOS 管 S_1 关断，而此时的电流 I_H 仍然是正的，因此电流 I_H 将会迫使 MOS 管 S_2 的并联二极管导通，在 I_H 变为负值之前，MOS 管 S_2 应在时刻 t_1 处导通，实现零电压导通。在 MOS 管 S_3 关断之前，MOS 管 S_4 将在时刻 t_2 处导通，该开关动作在传统控制模式中是严格禁止的，但正是由于该开关动作，为准 Z 源提供了直通状态而实现功率调节，通过调节时刻 t_2 和时刻 t_3 之间间隔长短，即可以得到不同的升压因子。从图 5.22 可以看出，准 Z 源的工作频率为系统工作频率的 2 倍，这有利于减小准 Z 源中电感电容的体积，但由于直通状态迫使滞后桥臂的两个 MOS 管丢失了软开关条件，将会降低系统传输效率。

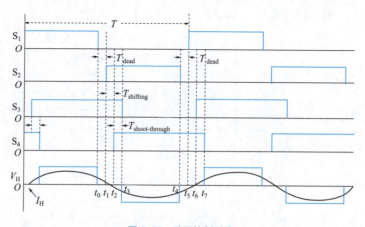

图 5.22 升压控制时序

从准 Z 源电路拓扑结构可以看出，其具有一个输入电感 L_1，若通过控制手段将其中电流调制为半波正弦，则可实现功率因数校正（PFC）功能，因此基于准 Z 源的功率传递拓扑不仅适用于直流至直流的应用场合，也适用于交流至直流的应用场合，仅需要在输入端加入全桥整流电路。基于准 Z 源的 PFC 及 DC/DC 一体化功率传输拓扑如图 5.23 所示，其包含交流源/直流源模块、准 Z 源模块、H 桥逆变模块、磁能发射/接收模块、整流滤波模块、高压动力电池模块及一些数据通信模块等。

为了使准 Z 源模块实现类似于 BOOST 电路的功率因数校正功能，需将电感 L_1 中流过电流控制为图 5.24 所示波形，电感 L_1 中电流包络线要与输入正弦半波电压同相位，以使交流输入源等效负载为纯阻性。图 5.24 表明，电感 L_1 中电流是一种典型的锯齿波，其上升部分由直通控制时间控制，下降部分由非直通控制时间控制，因此通过控制直通控制时间和非直通控制时间的比例，即可控制系统输入电流幅值大小，进而控制给电池包进行无线充电的电流大小。

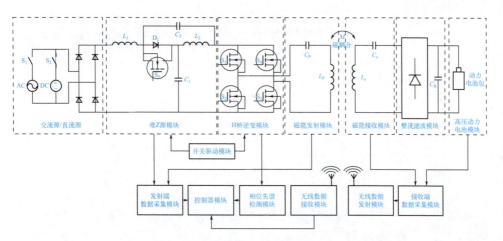

图 5.23　车载无线充电系统 PFC 及 DC/DC 一体化功率传输拓扑

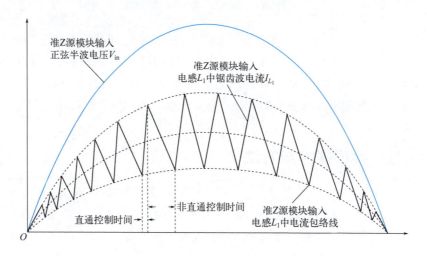

图 5.24　准 Z 源输入电流波形曲线

为了实现如图 5.24 所示的准 Z 源输入电流波形，有两种控制方法。一种是单系统周期控制，即在每半个无线充电系统周期内都实现一次直通控制和非直通控制，即如图 5.22 所示的控制时序。另一种控制方法为多系统周期控制，如图 5.25 所示，其中系统工作频率设为 50kHz，若系统工作频率为 80kHz，只需更改相应的周期时间即可。在图 5.25 中，除了移相控制和直通控制外，插入了自由谐振控制，移相控制时间、直通控制时间及自由谐振控制时间组成了一个完整控制周期，并且上述三种控制时间可自由组合，增加了系统控制自由度。自由谐振控制由开关管

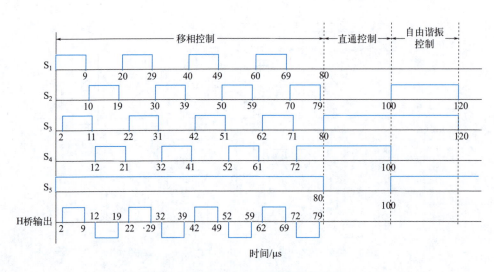

图 5.25 基于准 Z 源的 PFC 功能控制时序图

S_2 与 S_3 同时导通实现，也可以由 S_1 与 S_4 同时导通实现，持续 $20\mu s$，该时间的长短同样影响着准阻抗源模块的升压比大小。在该控制时间内，H 桥逆变电路不向外输出方波功率信号，无线充电系统发射端谐振腔通过开关管 S_2 与 S_3 进行自由谐振，直到下一个移相控制过程开始。

5.5　接收端控制方法

无线电能传输的接收端的功率控制方法是指功率控制电路布置在车载接收端，常见的方法有在整流桥后加入一级 DC/DC 变换器或将被动整流替换为可控整流。

接收端功率控制的方法，因被控量的反馈在同一端，不需要通过无线通信进行，使得输出的充电电压和电流能快速响应电池管理系统的需求，并且在系统出现短路等故障时，能迅速切断系统的输出。

接收端功率控制的方法的前提为无线电能传输系统的发射端和接收端相互解耦，例如 LCC 拓扑可以在线圈上输出一个恒定的电流，这样原、副边只要阻抗可以匹配就能工作。将功率控制模块布置在车载端还有能简化发射端的优点，这样能大幅降低基础设施的成本，有利于无线电能传输系统大范围的安装。

5.5.1 基于双向串联开关管的接收端功率控制方法

图 5.26 所示为北京理工大学邓钧君老师所带领的团队提出的基于两个双向串联开关管的接收端功率控制电路图[13]。该系统采用谐振拓扑结构为 LCC-LCC 谐振补偿网络。其中，L_1、L_2 为发射线圈组与接收线圈组的自感；$S_1 \sim S_4$ 是 H 桥逆变电路的四个开关管；L_{f1}、C_{f1} 和 C_1 是发射端的补偿电感和补偿电容；L_{f2}、C_{f2}、C_2 是接收端的补偿电感和补偿电容；Q_1 和 Q_2 是在接收端补偿电路和整流电路之间加入的两个双向串联的开关管，正是通过两个开关管的通断实现对输出功率的在线调节；$D_1 \sim D_4$ 为被动整流桥的四个二极管；V_{in} 和 V_{out} 分别为输入电压以及负载电池电压。

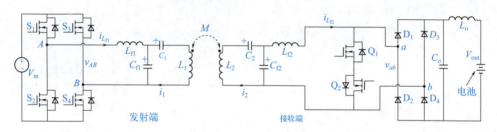

图 5.26 基于两个双向串联开关管的接收端功率控制电路

该输出功率控制方法主要可以分为四个工作阶段，系统稳态工作时 v_{AB}、v_{ab} 以及 Q_1、Q_2 的导通信号如图 5.27 所示。其中，Q_1 和 Q_2 在每个周期的导通角为 α，其周期时间为系统工作周期时间的 1/2。

(1) 阶段 1 [$\omega t = 0 \sim \omega t = (\pi - \alpha)/2$]

在阶段 1，如图 5.28 (a) 所示，两个双向开关管 Q_1 和 Q_2 处于关断状态，接收端谐振补偿网络的输出电流 $i_{L_{f2}}$ 经过二极管 D_2 和 D_3 给电池充电，此时 $v_{ab} = -V_{out}$。

(2) 阶段 2 [$\omega t = (\pi - \alpha)/2 \sim \omega t = \pi/2$]

在阶段 2，如图 5.28 (b) 所示，两个开关管 Q_1 和 Q_2 同时导通，动力电池输出端被两个开关管的通路短路，此时电池不处于充电状态，$v_{ab} = 0$。

(3) 阶段 3 [$\omega t = \pi/2 \sim \omega t = (\pi + \alpha)/2$]

在阶段 3，如图 5.28 (c) 所示，两个开关管 Q_1 和 Q_2 继续处于导通状态。动力电池输出端被两个开关管的通路短路，$v_{ab} = 0$。此时电池不处于充电状态，且接收端输出电流 $i_{L_{f2}}$ 方向改变。

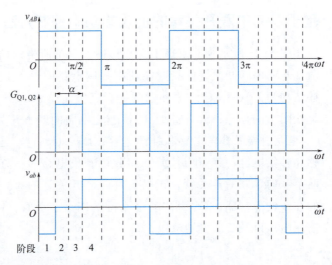

图 5.27　系统稳态工作关键信号波形图

(4) 阶段 4 $[\omega t=(\pi+\alpha)/2\sim\omega t=\pi]$

在阶段 4，如图 5.28 (d) 所示，两个开关管 Q_1 和 Q_2 处于关断状态。谐振网络输出电流 $i_{L_{f2}}$ 通过二极管 D_1 和 D_4 给电池充电，此时 $v_{ab}=V_{out}$。

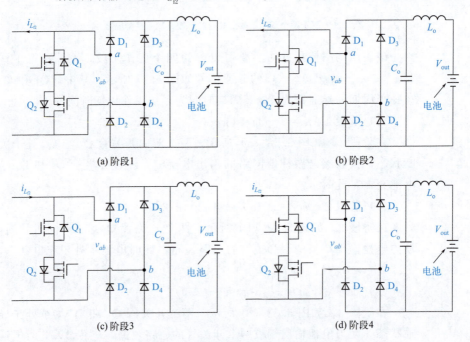

图 5.28　不同阶段下系统电路工作状态

5.5.2 接收端可控整流功率控制方法

为了进一步简化接收端的电路，使其电路布局更加紧凑，可以将两个开关管取代整流桥中两个二极管，将被动整流电路变为可控整流电路。尤其对于输出特性为电流源的补偿拓扑，例如 S-S 拓扑和双边 LCC（LCC-LCC）拓扑，采用接收端可控整流的方法是一种更合适的功率控制方案。

图 5.29 所示为接收端可控整流的示意图[14]。与开环的双边 LCC 谐振补偿电路相比，图 5.29 的电路只是将整流桥中下端的两个二极管替换成了 MOSFET 开关管。Q_5 以及 Q_6 的引入，可以通过控制其占空比，从而控制整流桥的输出电流 i_r。

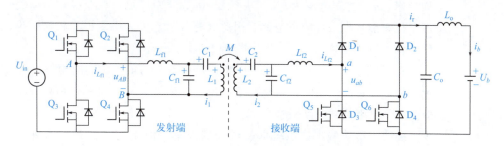

图 5.29 双边 LCC 接收端可控整流电路图

由 2.3 节双边 LCC 电路分析可知，双边 LCC 补偿拓扑谐振腔的输出电流为式（5.4），从公式中可以看出，谐振电路的输出电流与负载无关。当谐振腔输入电压 U_{AB} 保持不变时，谐振腔输出可以看成一个恒流源。

$$i_{L_{f2}} = \frac{u_{AB}M}{j\omega_0 L_{f2} L_{f1}} \tag{5.4}$$

如果不考虑后级电路的损耗，输出功率可由式（5.5）计算得到。那么，如果需要进行输出功率的调节，在接收端调整电压 U_{ab}（u_{ab} 的有效值）的大小是可行的方法。例如，在输出端串联一个 DC/DC 变换器，如 BUCK 或 BOOST 电路，可以根据需要调整 U_{ab}，实现调节功率目的。此方法将在下一小节进行讨论。而加入可控整流电路，则可以通过控制 Q_5 和 Q_6 的导通时序，从而控制 $I_{L_{f2}}$ 输出到负载的百分比。例如，当 Q_5 和 Q_6 同时导通，此时 $I_{L_{f2}}$ 被短路，谐振电路不对外输出能量。

$$P_{out} = I_{L_{f2}} U_{ab} \tag{5.5}$$

而与在输出端加入一级 DC/DC 环节相比，接收端可控整流的方法没有加入额外的磁性元件，因此整个车载端可以做得更紧凑，这样在提高了效率的同时，减小了无线电能传输系统的体积，并且也节约了昂贵的磁性元件的成本。

可控整流可以有多种控制时序，文献 [9] 介绍了一种谐振腔输出电压 u_{ab} 和 $i_{L_{f2}}$ 同相位的控制方法。图 5.30 (a) 中展示了该模态下控制信号的时序和相关电压电流的变化情况。

模态 1 在 t_a—t_b 时间段，Q_5 的 GS 间电压为 0V，Q_5 关断，此时电流通过 D_1、D_4 给电池进行充电，u_{ab} 之间的电压为电池电压。在 t_b—t_c 时间段，Q_5 的 GS 间电压为 0V，Q_6 关断，此时电流通过 D_2、D_3 给电池进行充电，u_{ab} 之间的电压为负的电池电压。在其余时间，Q_5 和 Q_6 均导通，u_{ab} 之间电压为 0V。从图 5.30 (a) 中可见，调整控制信号的占空比，能控制 u_{ab} 的占空比，因此其有效值 U_{ab} 大小能得到控制，也就能调整输出功率。

对于模态 1，由于控制信号的相位被设定为与电流 $i_{L_{f2}}$ 同相位，u_{ab} 也会和 $i_{L_{f2}}$ 的相位相同，因此对于谐振拓扑来说，从整流桥往后可以等效为一个电阻负载。纯阻性负载能让系统工作在单位功率因数附近，减少系统的无功功率，使系统保持较高的效率。但是该方法的一个缺点是，MOSFET 不能实现零电压开通。例如，在 t_b 时刻，Q_5 开通时，其 DS 极两端电压为电池电压；在 t_d 时刻，Q_6 开通时，其 DS 极两端

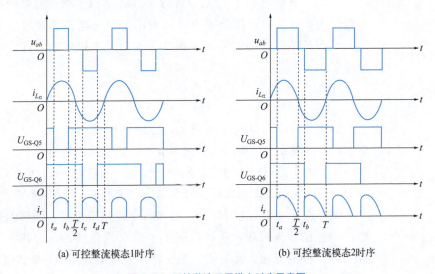

(a) 可控整流模态1时序　　　　(b) 可控整流模态2时序

图 5.30　可控整流不同模态时序示意图

电压也是电池电压。这样的硬开关，会导致 MOSFET 的 DS 极和 GS 极发生剧烈的振荡，可能会损坏开关管，然后也导致了开关损耗大幅上升，降低了效率。最后，高频振荡也导致了系统的 EMI 特性较差。

模态 2 的控制时序如图 5.30（b）所示，在该控制时序下，u_{ab} 滞后于电流 $i_{L_{f2}}$。但是却有一个重要的优点，Q_5 和 Q_6 都能实现零电压导通（zero voltage switch，ZVS），这对无线电能传输系统的效率和 EMI 特性都有显著的提升。

当 u_{ab} 的占空比为 D 时，其相位滞后于 $i_{L_{f2}}$，滞后的角度为 θ [其定义如式（5.6）所示]。下面将详细分析模态 2 各个阶段开关管的动作和电流的流向。

$$\theta = \frac{\pi(1-D)}{2} \tag{5.6}$$

由图 5.31 中可以得知，模态 2 的控制逻辑分为四个阶段，分别是 $0—t_a$、$t_a—\frac{T}{2}$、$\frac{T}{2}—t_b$ 和 $t_b—T$。

(1) $0—t_a$ 阶段

如图 5.31（a），在这个阶段，$i_{L_{f2}}>0$，由于 Q_5 导通，电流通过 Q_5 和 D_4 返回谐振腔，此时谐振腔输出短路，$u_{ab}=0$。此时整流桥的输出电流 i_r 为 0，谐振腔不往外输出能量。

(2) $t_a—\frac{T}{2}$ 阶段

如图 5.31（b），在 t_a 时刻，将 Q_5 关断，$t_a=(1-D)T/2$。$i_{L_{f2}}$ 经过 D_1 和 D_4 输出电流给负载进行充电，输出电流 $i_r=i_{L_{f2}}$。忽略 D_2 和 D_4 上的压降，此时 $u_{ab}=U_b$。

由于电流经过 D_4，二极管正偏，Q_6 两端电压 U_{DS-Q6} 被钳在约 1.5V。在 $T/2$ 时刻以后开通 Q_6，则实现了零电压导通（ZVS）。

(3) $\frac{T}{2}—t_b$ 阶段

如图 5.31（c），在这个阶段，$i_{L_{f2}}<0$，由于 Q_6 导通，电流通过 Q_6 和 D_3 返回谐振腔，此时谐振腔输出短路，$u_{ab}=0$。此时整流桥的输出电流 i_r 为 0，谐振腔不往外输出能量。

(4) $t_b—T$ 阶段

如图 5.31（d），在 t_b 时刻，将 Q_6 关断，$t_b=(2-D)T/2$。$i_{L_{f2}}$ 经过 D_1 和 D_4 输出电流给负载进行充电，输出电流 $i_r=-i_{L_{f2}}$。忽略 D_1

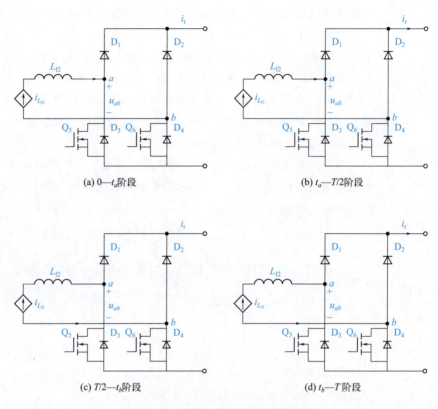

图 5.31 不同时刻可控整流电流流向示意图

和 D_4 上的压降,此时 $u_{ab}=-U_b$。

由于电流经过 D_3,二极管正偏,Q_5 两端电压 U_{DS-Q_5} 被钳在约 1.5V。在 T 时刻以后开通 Q_5,则实现了零电压导通(ZVS)。根据 2.3 节双边 LCC 谐振补偿电路的分析以及 U_{ab} 和 $I_{L_{f2}}$ 的夹角 θ,能得到输出功率的计算公式:

$$P_{out} \approx |U_{ab} I_{L_{f2}}| = \frac{8}{\pi^2} \times \frac{M U_{in} U_b}{\omega_0 L_{f1} L_{f2}} \cos^2\theta \tag{5.7}$$

通过对 MOSFET 导通延时角 θ 的控制,系统的输出功率能得到调整。例如,需要输出满载功率时,控制 $\theta=0$,则输出功率为最大值。当动力电池完成充电时,控制 $\theta=\pi/2$,此时可控整流控制电路将完全短路负载,输出功率为 0。因此,对于双边 LCC 补偿拓扑,可控整流功率调节方法能实现零到额定功率的调节范围。

上述的接收端可控整流方法的缺点在于在轻载输出时,其输出电压、电流、功率因数也会随之降低,从而使整体的传输效率下降。一般来说,设计需要保证系统的最低效率在 80%,这就意味着可控整流功率调节方法的调节范围不会非常宽。

5.5.3 接收端倍流整流功率控制方法

当无线电能传输系统使用 LCC-SP 型补偿拓扑时,其输出特性为一恒流源。为对其进行输出功率的调节,常使用在谐振电路副边回路后加入 BOOST 电路的方法[1],在此基础上,衍生出一种结合倍流整流电路的接收端功率控制方法。在相同的输出功率条件下,该方法较单一回路 BOOST 电路效率更高,控制器输出纹波更小[15]。而相比较于传统的全桥整流电路加 DC/DC 变换电路的组合,该方法可有效减少流经副边线圈的电流大小,有利于系统车载端结构工作条件的改善,更适用于高功率等级系统。图 5.32 为接收端倍流整流的 LCC-SP 补偿拓扑电路原理图。

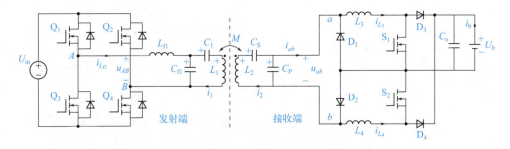

图 5.32 接收端倍流整流的 LCC-SP 补偿拓扑电路

控制电路主要由基础倍流整流电路(二极管 D_1、D_2,滤波电感 L_3、L_4)和控制功率 MOSFET(S_1、S_2)组成。基本工作原理是:通过控制 S_1、S_2 驱动信号的占空比,即控制 S_1、S_2 在各自的功率传输周期内导通的时间比例,进而控制输出到负载的功率大小。

由于控制电路的输入电压 u_{ab} 为近似正弦波,根据其正负周期以及 S_1、S_2 的工作状态不同,整个控制电路将存在 6 种不同的工作模态。为了使输出信号的纹波更小,滤波电感 L_3、L_4 一般会被设定为感值相等,所以在 u_{ab} 的正负半周期内控制电路的工作模态完全对称。同时,当 S_1、S_2 都断开时,控制电路的工作模态就与基础的倍流整流电路完全相同,所以在这里只对两种典型的控制电路工作模态进行介绍,其他工作模态读者可以自行推导。

图 5.33 为控制电路在输入电压 u_{ab} 正半周期内的两个典型工作模态。

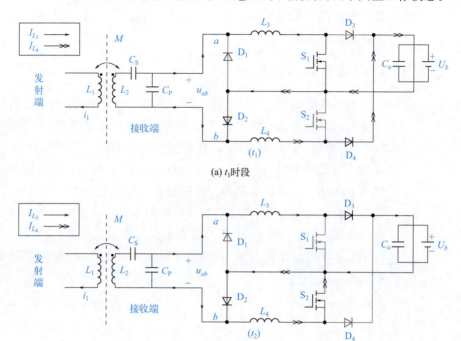

(a) t_1 时段

(b) t_2 时段

图 5.33　倍流整流电路的典型工作模态

① 在 t_1 时段内，S_1 导通，S_2 断开。通过电感 L_3 输出给负载的电流回路 I_{L_3} 被短路，谐振电路的输出电流，即控制电路的输入电流 i_{ab} 通过电感 L_3，流经 MOSFET S_1 和二极管 D_2 回到谐振电路；电流 I_{L_4} 依靠电感 L_4 的续流作用，继续通过负载、L_4 和 D_2 形成的回路为负载提供功率输出。

② 在 t_2 时段内，S_2 导通，S_1 断开。通过电感 L_4 输出给负载的电流回路 I_{L_4} 被短路，考虑到 S_2 的导通电阻和 D_2 的导通压降均较小，电流 I_{L_4} 的大小在此阶段几乎保持不变；谐振电路的输出电流，即控制电路的输入电流 i_{ab} 通过电感 L_3、负载和二极管 D_2 构成的回路为负载提供功率输出。

控制电路中主要电流随输入电压 u_{ab} 及控制 MOSFET 通断状态的变化如图 5.34 所示。

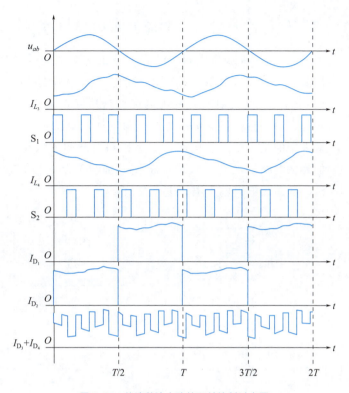

图 5.34 倍流整流电路的开关控制时序图

5.6 双边控制方法

对于电动汽车无线充电系统，由于其工作环境和工作条件复杂多变，需要加入闭环控制系统对其输出功率和传输效率进行在线控制。而双边控制，顾名思义就是要同时在发射端和接收端加入闭环控制器，通过两个控制器之间的协调工作，使整个系统在不同的工作条件下仍然保持稳定高效的功率输出。

双边控制与单独的发射或接收端控制相比，其控制的范围更广，可调节的自由度也更多，能够使系统工作在更合理更高效的工作点。

同时，双边控制方法的缺点也很明显。首先，会显著增加系统的成本和体积，然后系统软件和硬件的复杂度会上升；其次，还需要发射端和接收端进行匹配才能取得良好的效果；最后，因为电能变换环节的增加，双边控制方法可能导致系统的整体效率降低。

5.6.1　基于移相控制和可控整流的双边控制方法

图 5.35 所示为比利时学者 Doncker 在文献 [9] 提出的基于移相控制和可控整流的双边控制电路图。其中，电路的拓扑结构采用的是 S-S 拓扑。S-S 拓扑比较突出的优点是其接收端表现为恒流源特性，比较适合后端直接接入恒压源的电源负载。由图 5.35 可以得知，在发射端采用的是全桥逆变电路，通过移相控制的方法可以控制其输出电压的死区时间。而在接收端，将整流桥的两个二极管换成了开关管 S_5、S_6，从而能够对输出电压进行控制。

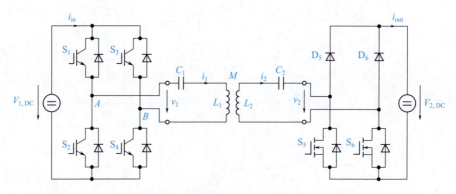

图 5.35　基于移相控制和可控整流的双边控制电路图

由于 S-S 拓扑相当于谐振滤波器，发射与接收端的电流近似于基波成分的正弦波，因此，可以忽略高频成分对输出功率的影响，则接收端的输出功率为：

$$P_{out} = \frac{8}{\pi^2} \times \frac{V_{1,DC} V_{2,DC}}{\omega_0 M} \sin\frac{\alpha}{2} \sin\frac{\beta}{2} \tag{5.8}$$

式中，α 为移相角；β 为开关管 S_5、S_6 的导通角。

由式 (5.8) 可以看出，接收端输出功率可通过移相角 α 和导通角 β 两个自由度进行调节。其基本控制思路为保持发射端与接收端电流基频幅值的比值恒定。

下面用三个例子说明该控制思路的作用：

① 当发射与接收线圈组之间存在位错时，会导致线圈组之间的互感下降。假设线圈组之间的互感下降了 50%，为了保持相同的功率输出，若接收端采用被动整流的方法，发射端电流必须增大到原来的 2 倍，这样会大大增加发射端在寄生电阻上的功率损失。若采用上述的控制思

路，则发射端和接收端的电流同时增大为原来的 $\sqrt{2}$ 倍，从而减少整个系统在寄生电阻上的功率损失。

② 当系统的输出功率需求降低为额定功率输出的 1/4 时，若采用被动整流的方法，$V_{2,DC}$ 恒定时，发射端的电流并不会因为输出功率的下降而下降。此时，发射端的功率损失并未改变，而输出功率下降为原来的 1/4，这必将导致系统的整体输出效率下降。若采用上述的控制思路，将发射端和接收端的电流同时下降为原来的 1/2，则可以有效地减少发射端在寄生电阻上的功率损失。

③ 实际应用中，由于动力电池不同的充电阶段其两端的电压会有改变，若采用被动整流的电路拓扑，其发射端与接收端的电流将会偏离额定工作点。若采用上述的控制思路，可以通过调整 α 和 β 角使发射端基波电流 $i_{1,FOA}$ 和接收端基波电流 $i_{2,FOA}$ 始终保持在额定工作点。

系统的整体控制示意图如图 5.36 所示，主要包括接收端的内环闭环控制以及发射端的外环闭环控制。对于接收端的内环闭环控制无须与发射端进行无线信息传递，可以控制系统处于恒流或恒压的充电模式。对于外环闭环控制，根据图 5.36 调整系统工作点，其中接收端直流输出电压为 $V_{2,DC,means}$ 以及接收端的开关管导通角为 β_{ref}。由于要通过无线通信模块将上述的两个信号从接收端传输到发射端，因此外环闭环控制的速度会比内环控制慢。

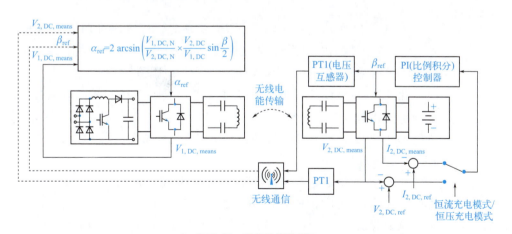

图 5.36 系统控制示意图

（物理量下角标 means 代表平均值，ref 代表参考值）

5.6.2 基于最有效率点跟踪的双边控制方法

重庆大学戴欣在文献［11］提出了一种基于最有效率点跟踪的双边控制方法。该方法从 S-S 谐振系统入手，通过在发射端和接收端分别加入 DC/DC 变换器对输出电压和输出阻抗进行在线调节，令系统在不同工作条件下依然以最优效率输出功率。

图 5.37 所示的 S-S 谐振补偿电路中，其传输效率为：

$$\eta = \frac{\omega_0^2 M^2 R_i}{(R_s+R_i)[\omega_0^2 M^2 + R_p(R_s+R_i)]} \tag{5.9}$$

将式（5.9）对 R_i 求导可以得到使输出效率最高的条件为[16,17]：

$$R_{i-\eta_{max}} = R_s\sqrt{1+(kQ)^2} \tag{5.10}$$

式中，k 为线圈组之间的耦合系数；$Q=\sqrt{Q_pQ_s}$，$Q_p=\omega_0 L_p/R_p$，$Q_s=\omega_0 L_s/R_s$。

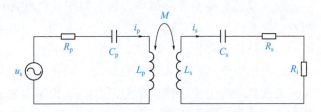

图 5.37 S-S 谐振补偿电路图

如图 5.38 所示，当实际负载 R_l 变动时，可以通过调节 BUCK-BOOST 变换器的占空比使得系统在接收端谐振网络输出端的等效电阻 R_i 始终等于如式（5.10）中的最优效率点的电阻值 $R_{i-\eta_{max}}$。

此外，一个稳定可靠的无线充电系统需要在负载和线圈组耦合条件发生变化时，其输出电压依然保持稳定[18,19]。为了达到以上要求，如图 5.38 所示，在发射端 H 桥逆变电路（逆变器）前同样加入了一个 BUCK-BOOST 变换器。

如图 5.39 所示，输出电压 U_l 的信号将通过无线通信传输到发射端，发射端的 BUCK-BOOST 电路会根据 U_l 实际的大小改变其占空比 d_1，从而保证 U_l 一直处于额定值允许变动范围之内。而接收端的 BUCK-BOOST 电路则是通过改变 d_2 调整谐振腔输出阻抗，使得系统跟随最优效率点工作。

总结而言，通过对 U_l 和 I_l 实时监测，当系统的负载 R_l 发生变化，

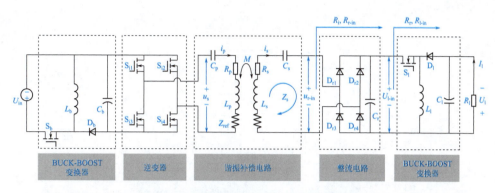

图 5.38　基于最优效率点追踪的双边控制电路图

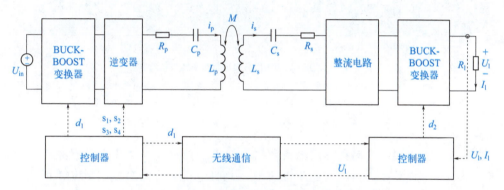

图 5.39　基于最优效率点追踪的双边控制示意图

改变 d_2，从而使谐振腔等效输出电阻跟踪效率最优阻值。通过对 U_1 的实时监测，可以实时估算出线圈组当前的耦合系数 k[11]，当线圈组的耦合情况发生变化时，根据最新的耦合系数 k 可以得到最优效率所对应的接收端 BUCK-BOOST 变换器的占空比 d_2。在发射端的 BUCK-BOOST 电路的主要作用为保持系统的输出电压 U_1 在额定允许变动范围之内。

5.6.3　基于开关可变电容的双边控制方法

如图 5.40 所示为基于开关可变电容的双边控制方法系统电路图。该系统是基于双边 LCC 补偿网络设计，将开关可变电容 C_{f1} 和 C_{f2} 分别加入发射与接收端可以实现对发射端的功率因数可调以及输出端的输出功率可调[20]。

电容的定义如式（5.11）所示。它表示正负极单位电位差下自由电荷的储存量，电容值越大，能够储存的电荷量越高。换一种理解，它也

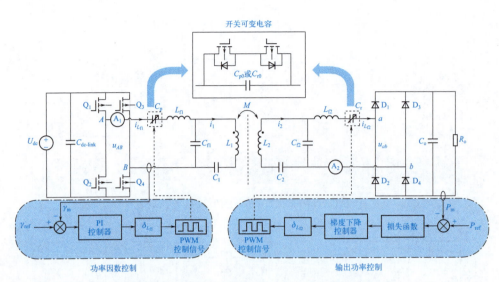

图 5.40 双边 LCC 功率因数及输出功率调节系统电路

γ_m—发射端输入电压电流相角测量值；γ_{ref}—发射端输入电压电流相角参考值；

$\delta_{L_{f1}}$—发射端 L_{f1} 与 C_p 总电阻变化值；$\delta_{L_{f2}}$—接收端 L_{f2} 与 C_r 总电阻变化值；

P_m—系统输出功率测量值；P_{ref}—系统输出功率参考值

可以表示为储存特定电荷量时电压上升的多少，电压上升量越小，电容值越高，当电容趋于无穷时，此时电压上升为零。该 PWM 可变电容技术即通过开关管的切换调控，改变电容两端电压的大小，从而达到改变等效电容值的目的。

$$C = \frac{Q}{U} \tag{5.11}$$

可变电容的电路结构组成如图 5.41 所示，其中，C_0 为初始电容值，M_1 和 M_2 为两个可控开关元件，它们反向串联后并联在电容 C_0 的两端。开关元件有多种选择，可以是金属-氧化物-半导体场效应晶体管（MOSFET）、绝缘栅双极晶体管（IGBT）、结型场效应晶体管（JFET）或者双极［结］晶体管（BJT）。对于电动汽车无线电能传输系统，出于耐压等级和开关速度的综合考虑，两个二极管 D_1 和 D_2 分别反并联在 M_1 和 M_2 的两端，作为续流二极管，D_1、D_2 既可以是场效应晶体管自身的体二极管，也可以使用外加的二极管。控制电路通过向开关的控制极发送控制信号，来控制 M_1 和 M_2 的开通与关断，在特定的工作时序下，实现对外等效电容值的可控调节。

在双边 LCC 谐振补偿电路中，其输出功率与接收端的补偿电感 L_{f2}

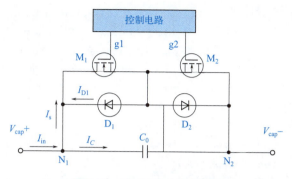

图 5.41　PWM 可变电容电路图

的阻抗值呈二次函数的关系，因此可以在 L_{f2} 上串联一个可变电容，通过改变整体等效 L_{f2} 的阻抗值，从而实现对输出功率的调节。在输入端可以在补偿电感 L_{f1} 中串联一个可变电容，调节系统整体输入阻抗的虚部，进而控制系统输入端的功率因数。

本章小结

本章首先介绍了电动汽车无线充电系统中的主要电力电子变换模块的工作原理，其中包括功率因数校正变换器电路、逆变电路以及整流电路。在此基础上，本章分别从发射端控制、接收端控制以及双边控制三个方面展开介绍了无线充电系统中的多种典型控制电路及其原理与控制方法。不同的控制方法有各自不同的优缺点，可以根据实际应用场合需求进行合理选择设计。

参考文献

[1] Boys J T, Covic G A, Green A W. Stability and control of inductively coupled power transfer systems [J]. Inst. Elect. Eng. Proc., Electr. Power Appl., 2000, 147: 37.

[2] Xu P F, Zhao M Q, Fang Z P. Single-phase Z-source PWM AC-AC converters [J]. IEEE Power Electronics Letters, 2005, 3: 121-124.

[3] Xu P F, Xu G W, Zhi Q C. A Single-Phase AC Power Supply Based on Modified Quasi-Z-Source Inverter[J]. IEEE Transactions on Applied Superconductivity, 2014, 24: 1-5.

[4] Liang Z H, Shan X D, Fang Z P. Safe-Commutation Strategy for the Novel Family of Quasi-Z-Source AC-AC Converter[J]. IEEE Transactions on Industrial Informatics, 2013, 9: 1538-1547.

[5] Pantic Z, Lukic S M. Framework and Topology for Active Tuning of Parallel Compensated Receivers in Power Transfer Systems[J]. IEEE Transactions on Power Electronics, 2012, 27: 4503-4513.

[6] Huang C Y, Boys J T, Covic G A. LCL Pickup Circulating Current Controller for Inductive Power Transfer Systems[J]. IEEE Transactions on Power Electronics, 2013, 28: 2081-2093.

[7] Hothongkham P, Kongkachat S, Thodsaporn N. Performance comparison of PWM and Phase-Shifted PWM inverter fed High-voltage High-frequency Ozone Generator[C]. TENCON 2011-2011 IEEE Region 10 Conference, Bali, Indonesia, 2011.

[8] Boys J T, Covic G A. Decoupling Circuits[P]. U.S. 7279850B2, 2005.

[9] Diekhans T, De Doncker R W. A Dual-Side Controlled Inductive Power Transfer System Optimized for Large Coupling Factor Variations and Partial Load[J]. IEEE Transactions on Power Electronics, 2015, 30: 6320-6328.

[10] Li S, Li W, Deng J, et al. A Double-Sided LCC Compensation Network and Its Tuning Method for Wireless Power Transfer[J]. IEEE Transactions on Vehicular Technology, 2015, 64: 2261-2273.

[11] Dai X, Li X, Li Y, et al. Maximum Efficiency Tracking for Wireless Power Transfer Systems With Dynamic Coupling Coefficient Estimation[J]. IEEE Transactions on Power Electronics, 2018, 33: 5005-5015.

[12] Fang Z P. Z-source inverter[J]. IEEE Transactions on Industry Applications, 2003, 39: 504-510.

[13] Pang B, Deng J, Liu P, et al. Secondary-side power control method for double-side LCC compensation topology in wireless EV charger application[C]. IECON 2017 - 43rd Annual Conference of the IEEE Industrial Electronics Society, Beijing, China, 2017.

[14] 徐志聪. 基于LCC补偿拓扑的电动汽车无线电能传输系统设计[D]. 上海: 同济大学, 2019.

[15] Beh H Z, Neath M, Boys J T, et al. An Alternative IPT Pickup Controller for Material Handling Using a Current Doubler[J]. IEEE Transactions on Power Electronics, 2018, 33: 10135-10147.

[16] Fu M, Zhang T, Ma C, et al. Efficiency and Optimal Loads Analysis for Multiple-Receiver Wireless Power Transfer Systems[J]. IEEE Transactions on Microwave Theory and Techniques, 2015, 63: 801-812.

[17] Imura T, Hori Y. Unified Theory of Electromagnetic Induction and Magnetic Resonant Coupling[J]. Electrical Engineering in Japan, 2017, 199: 58-80.

[18] Li H, Li J, Wang K, et al. A Maximum Efficiency Point Tracking Control Scheme for Wireless Power Transfer Systems Using Magnetic Resonant Coupling[J]. IEEE Transactions on Power Electronics, 2015, 30: 3998-4008.

[19] Yeo T D, Kwon D, Khang S T, et al. Design of Maximum Efficiency Tracking Control Scheme for Closed-Loop Wireless Power Charging System Employing Series Resonant Tank[J]. IEEE Transactions on Power Electronics, 2017, 32: 471-478.

[20] Luo Z, Zhao Y, Xiong M, et al. A Self-Tuning LCC/LCC System Based on Switch-Controlled Capacitors for Constant-Power Wireless Electric Vehicle Charging[J]. IEEE Transactions on Industrial Electronics, 2023, 70: 709-720.

第 6 章

车载无线充电系统前沿技术介绍

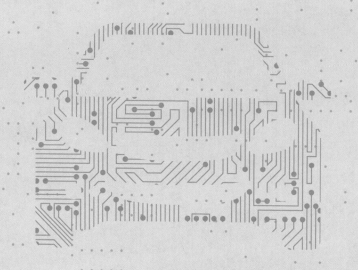

本书前几章主要对电动汽车静态无线充电系统进行了展开讨论。目前，国内外对于静态无线充电的研究已经相对比较成熟，已有许多企业纷纷开始对车载静态无线充电进行产业化的推广，相信不久的未来，车载静态无线充电技术将会实现产业化并率先应用到某些车型上。

本章中将跳出对静态无线充电技术的讨论，着重关注目前仍处于研究开发阶段的关于大功率无线充电的前沿技术，旨在更进一步地挖掘基于电磁感应的无线充电技术的应用场景。

6.1 双向无线充电技术

随着智能化时代的到来，电动汽车不再仅仅是一个用电设备，而且可以是电网的分布式储能单元。为了顺应目前 V2G（电动汽车入网）的潮流，电动汽车往往需要具备给电网反向馈电的功能。随着智能微网的技术日益发展和电动汽车的保有量不断增加，电动汽车作为分布电源接入电网的可能性大大增加，而无线充电也需要适应这一新的需求变化。

6.1.1 电流源型双向无线充电系统概述

对于车载双向无线充电系统，根据其补偿方式的不同，可以划分为基于串联谐振补偿的电压源型双向无线充电系统以及基于并联谐振补偿的电流源型双向无线充电系统。由于动力电池大部分的时间都处于恒流充电阶段，而且电流源型双向无线充电系统允许接收端空载或负载短路运行，因此本章将着重介绍基于并联谐振补偿的电流源型双向无线充电系统。对基于串联谐振补偿的电压源型双向无线充电系统感兴趣的读者可以参看文献［1］。

如图 6.1 所示为典型的电流源型双向无线充电系统[2]。其中，发射端（primary side）与接收端（pickup side）采用了完全相同的电路结构。图中，L_T、L_{si} 分别为发射和接收线圈组的自感，M 为两个线圈组之间的互感。发射与接收端均采用相同的 LCL 谐振补偿网络，发射端的 L_{pt} 和 C_T 为补偿电感和补偿电容，接收端的 C_s 和 L_{so} 分别为补偿电容和补偿电感。同时，在发射和接收端均有四个 MOS 开关管，当能量从电网侧传输到动力电池侧时，发射端的四个 MOS 管处于逆变器的工作模式，接收端的四个 MOS 管处于整流桥的工作模式；当能量从动力电池侧回馈到电网侧时，发射端的四个 MOS 管处于整流桥工作模式，接收端的四个 MOS 管处于逆变器工作模式。

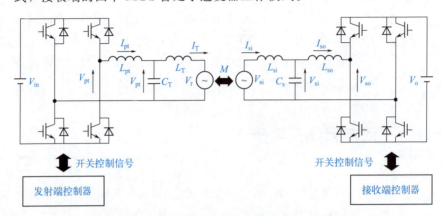

图 6.1　基于并联谐振补偿的电流源型双向无线充电系统

如式（6.1）所示，若系统处于谐振匹配状态，当接收端输出电压与发射端输入电压的相差为 ±90°时，系统的传输功率最大。若 V_{so} 超前 V_{pt}，则能量从接收端向发射端传输；若 V_{so} 滞后 V_{pt}，则能量从发射端传输到接收端。

$$P_o = \text{Re}\left[V_{so} \times (-I_{so})^*\right] = -\frac{M}{L_{si}} \times \frac{V_{pt}}{\omega L_T} |V_{so}| \sin\theta \qquad (6.1)$$

因此，对于任何给定的发射端输入电压，系统传输功率的大小和方向可以通过发射端和接收端的控制器进行控制。但是，通过对 V_{pt} 的调制实现最大传输功率会使得发射线圈组的激励电流不断改变，这不利于系统磁能线圈组的设计。同时，发射端激励电流的改变也会导致接收端线圈组感应电动势的改变。当系统处于轻载输出时，接收线圈组上的感应电压会降低，使得在同样的输出电压下，系统输出端的等效品质因数 Q（$Q=V_{so}/V_{si}$）变得过高。Q 值过高会导致系统对电路参数的变动过于敏感，不利于系统的稳定。因此，对于最大传输功率的大小的控制，可以通过对接收端等效输出电压 V_{so} 的调制实现，而发射端控制器的主要目的则是控制逆变器的输出电压 V_{pt}，使得在有外界扰动下，发射线圈组的激励电流 I_T 仍然保持恒定。而在接收端则是通过对输出电压采样，与参考输出电压做对比，通过 PI（比例积分）控制器得到输出端的全桥可控整流电路上两个桥臂之间的移相角 α。当 α 为

0°时，代表系统以满功率状态输出；当 α 为 180°时，系统的负载被短路，此时系统输出电压为 0。由于接收端采用 LCL 谐振补偿，具有电流源特性，因此即使负载被短路，系统仍然能保持稳定。

6.1.2 电流源型双向无线充电系统的功率-频率控制

由上节分析可知，基于并联补偿的电流源型双向无线充电系统是一个高阶的能量传输系统。其传输能量的大小和方向均依靠发射端和接收端的 MOS 管进行控制。出于系统鲁棒性的考虑，在功率传输时应该要确保能量接收侧有能力接收发送侧所传递的能量，而能量发送侧有能力提供接收侧所需求的功率。对于电流源型的双向无线充电系统，通过控制能量发送侧使其一直保持最大功率输出往往不容易实现，尤其当接收侧所需要的能量等级高于发送侧的额定最大传输功率。例如，在电动汽车无线充电场合，对于同一个发射装置，不同汽车上的接收侧对于功率的需求不同，这要求无线充电系统在不同的负载条件下具有较强的鲁棒性。

比较简单的方法是可以直接通过无线通信方式，将能量接收侧的功率需求提供至能量发送侧，能量发送侧根据自身实际的功率供给能力提供能量。但是加入无线通信模块往往比较复杂，由于无线充电系统本来就是依靠高频强磁场传递能量，因此给无线通信的设计带来较大挑战，同时也增加了系统成本。

因此，可以采用文献 [3] 中所提出的基于功率-频率特性的下垂控制器来实现对系统输出功率的调节。引入下垂控制器后，即使能量接收侧的功率需求超出了发送侧的最大功率限值，发送侧仍然可以保持其自身最大额定功率输出。在接收侧不同功率需求情况下，系统的频率会作适当的改变，但是不会偏离谐振频率太多，因此并不会给发送侧带来较大的功率需求。

为了方便说明，此处假设能量从无线充电系统的发射端传递到接收端，即发射端为能量发送侧，接收端为能量接收侧。根据感应式无线充电系统的典型功频特性，当系统工作在谐振频率时，LCL 谐振补偿网络可以保证输入电压电流同相，即在任何功率需求情况下保持对发射端最低的功率等级要求。当系统工作频率稍微偏移谐振频率时，系统中会出现部分的无功环流，从而降低了系统有功功率的传输，因此无线充电系统的功频特性如图 6.2 所示。

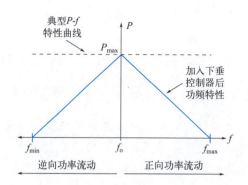

图 6.2 无线充电系统功频特性

如图 6.2 所示,加入下垂控制器后,系统的功频特性如图中实线所示。图中,f_{max} 和 f_{min} 分别对应正向和反向传递能量时空载情况下对应的频率。为了不对系统能量输入侧的功率等级造成太大的影响,一般 f_{min} 和 f_{max} 仅在谐振频率几百赫兹范围内取值。如图 6.3(a)所示,当系统接入负载,且负载的功率需求大于发射端的最大功率限值时,系统工作频率从 f_{max} 开始,接收端监测到发射端的工作频率为 f_{max},并开始接收能量,此时系统的工作点从 A 点移动到 B 点。发射端的控制器对其输出功率进行定期采样,当发现接收端开始接收能量时,控制器在下一个采样周期之前将改变系统的工作频率,此时系统工作点从 B 点移动到 C 点。由于系统的频率仍然没有达到谐振频率,因此接收端仍可继续提高其功率需求直至到达 D 点。此时,发射端已经处于最大功率输出状态,控制器将限制接收端继续增加其功率需求。

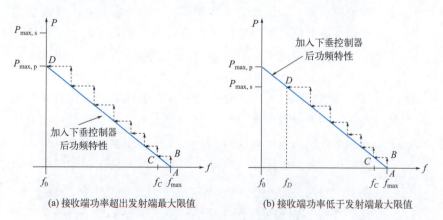

(a) 接收端功率超出发射端最大限值   (b) 接收端功率低于发射端最大限值

图 6.3 不同负载条件下的系统工作过程

当负载的功率需求低于发射端最大功率限值时，其系统工作过程如图 6.3（b）所示。此时，系统将从 A 点不断过渡并最终稳定工作在 D 点（对应频率 f_D），系统输出功率达到接收端的功率需求。

6.2 动态无线充电技术

关于动态无线充电技术的基本介绍已经在第 1 章中做了简单的归纳。同样是利用空间磁场耦合传递能量，动态无线充电技术可以允许电动汽车在行驶过程中不断充电，在真正意义上解决了使用者的里程焦虑。但是由于其对基础设施的改造成本过高，而且控制技术尚未成熟，目前动态无线充电技术还没能够得到大规模的推广。尽管如此，动态无线充电技术仍然具有广阔的发展前景，因此本节将从动态无线充电的基本原理、近年来各大研究机构的发展现状以及动态无线充电中的关键技术三个方面展开阐述[4]，希望能够让有兴趣的读者了解到目前动态无线充电发展的全貌。

6.2.1 动态无线充电基本原理

最早关于动态无线充电电动汽车的研究是在 1894 年法国的 Hutin 和 Leblanc 申请的专利中关于电气轨道的变压器系统的研究中有所体现[5]。在该专利中，许多的技术细节，例如发射端导轨式线圈的应用、补偿网络的设计、对传导和涡流损耗的降低措施等，都与目前的动态无线充电系统类似。为了解决石油危机，降低对化石能源的依赖程度，1976 年和 1979 年，劳伦斯伯克利国家实验室和圣塔芭芭拉研究所分别对动态无线充电的电动汽车进行研发，但是并没有取得理想的研究成果。总结了两次经验教训后，1992 年，美国的加州大学伯克利分校借助 PATH（Partners for Advanced Transit and Highways，先进交通及高速公路合作伙伴）计划的资助，成功证实了电动汽车动态无线充电的技术可行性。通过 PATH 计划，加州大学伯克利分校的研究团队成功将动态无线充电技术搭载到电动客车上，使得该客车可以在 76mm 的空气间隙中以 60% 的效率传递 60kW 的能量[6]。但是由于当时缺乏高频的半导体开关器件，系统的工作频率仅有 400Hz，使得发射端的激励电流非常大，到达上千安培。并且当时也没有高性能的磁芯材料和利兹导线，使得系统的电磁干扰严重，而且整体传输效率较低。因此，在当时大功率的动态无线充电技术并没有进一步走向商业化。

尽管由于当时器件发展限制，大功率动态无线充电技术未能得到进一步发展，但是也确立了其基本的系统框架。如图 6.4 所示为典型的电动汽车动态无线充电系统结构图。该系统主要可以分为两大部分，分别是地面端和车载端。其中，地面端包括整流及高频逆变电路、补偿电容、发射线圈组（能量源）或轨道；车载端则包括接收线圈组、补偿电容、整流电路、动力电池以及输出功率控制器。

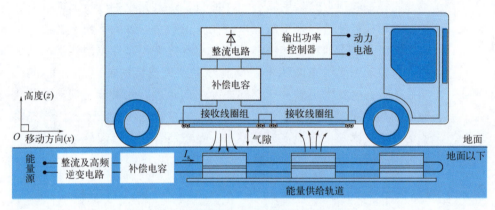

图 6.4　电动汽车动态无线充电系统示意图

由于电动汽车动态无线充电技术仍然是基于空间交变的电磁场传递能量，因此，如何有效降低无线充电系统周围的磁场泄漏，使其对人体安全和对手机等通信设备不造成影响，是无线充电系统设计的首要解决任务。针对空间磁场泄漏问题，目前主要可以从两大方面开展研究：

一是发射轨道分段化技术，即将一段长的能量供给轨道有效地划分为若干个短的电磁场激励轨道，当汽车通过某段轨道上方时，该轨道才通电，其他分段的轨道处于关断状态[6]。

二是空间电磁场屏蔽技术。空间电磁场的屏蔽主要可以分为两类措施：①通过高电导率材料将空间漏磁场转化为涡流损耗的被动屏蔽方法；②利用额外的激励线圈在空间中形成与漏磁场大小相同、方向相反的空间磁场，从而抵消原来的漏磁通[7-10]。此方法也称为空间磁场主动屏蔽技术，但是此方法需要额外加入激励线圈、激励电源以及相位检测装置，这会加大系统的复杂程度。

除了磁场屏蔽问题之外，电动汽车无线充电系统的设计中还有一个重要的问题需要考虑。由于发射轨道和接收线圈组都是可以近似看作纯电感，因此直接用电压源或电流源驱动会导致电路中存在较大的无功功率，这会大大地增加发射端逆变器的设计难度。因此，为了在保证一定的有功输出功率的同时，尽量减少系统的无功功率，需要在发射轨道和接收线圈组上加入谐振补偿电路，对电感进行补偿。目前，在动态无线充电系统中比较常用的谐振补偿电路拓扑是串-串或者是串-并拓扑[11]。

6.2.2 动态无线充电技术发展现状

（1）韩国 OLEV 计划

进入 21 世纪后，随着半导体器件以及高性能磁芯材料的飞速发展，为了解决 PATH 计划所留下的问题，从 2009 年开始，韩国科学技术院（KAIST）开展了 OLEV（Online Electric Vehicle，联网电动汽车）计划。

如图 6.5 所示，自 2009 年 OLEV 计划执行以来，KAIST 相继发布了第一代到第四代搭载动态无线充电技术的电动客车[6]。自 2016 年开始，以降低动态无线充电对基础设施改造成本，打造与静态无线充电兼容的充电体系为重点，研发推出了第 5 代和第 6 代 OLEV。下面将对这两代 OLEV 做简单的介绍。

图 6.5 韩国 OLEV 计划发展图

① 第 5 代 OLEV。

为了进一步降低动态无线充电系统地面端的制造成本，在第 5 代

OLEV 中 KAIST 提出了一种超薄的 S 形供电轨道（图 6.6）作为动态无线充电的发射端。该轨道可以在 20cm 气隙中对平面线圈组的接收端进行 22kW 的功率传输，并且在水平方向上的容错能力可以达到 30cm[11]。

如图 6.6（b）所示，在 S 形轨道中，每个磁极中都包含了 S 形铁氧体磁芯和传输电缆，而在每个磁极之间通过底部的磁芯平板相连。由于正负磁极之间为空间磁场提供了低磁阻的磁回路，因此大部分的交变磁场可以约束在无线充电的工作区域之内。使用 S 形供电轨道，在距离

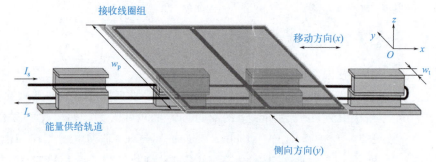

(a) 第5代OLEV动态无线充电轨道鸟瞰图

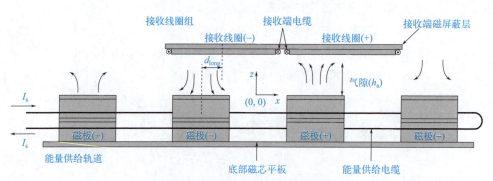

(b) 第5代OLEV动态无线充电轨道侧视图

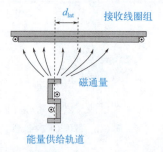

(c) 第5代OLEV动态无线充电轨道主视图

图 6.6　第 5 代 OLEV 动态无线充电轨道示意图

轨道 1m 处的漏磁场强度仅有 $1.5\mu T^{[11]}$，这远远低于国际非电离辐射防护委员会（ICNIRP）中规定的上限值 $27\mu T$。

此外，为了方便运输和安装，S 形供电轨道可以将每一对正负磁极做成一个模组，模组之间通过传输电缆连接，并且模组之间可折叠（如图 6.7 所示）。由于 S 形供电轨道的自感较大，其两端的电压应力较大，因此需要加入电容对其自感值进行补偿。如图 6.7 中所示，每个模组中包括正负两个磁极，其中铝屏蔽装置中安装的就是用于补偿电感的电容阵列，电容与两个磁极均是串联连接以补偿其自感值。

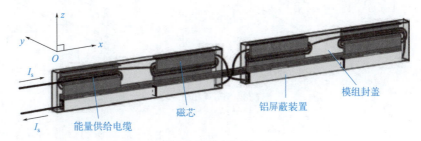

(a) 模块化S形供电轨道鸟瞰图

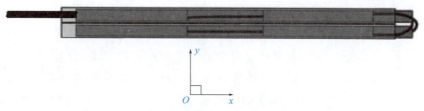

(b) 折叠后模块化S形供电轨道俯视图

图 6.7 模块化可折叠动态无线充电轨道示意图[11]

为了使 S 形供电轨道在高湿度的路面下能够长时间可靠地工作，在每个 S 形供电轨道的模组中都会注入环氧基树脂[6]。在加入该树脂后，S 形供电轨道可以在承受路面上反复机械冲击的情况下至少工作 10 年。综上所述，第 5 代基于 S 形供电轨道的 OLEV 能够有效地降低动态无线充电系统的制造成本和安装难度，有兴趣进一步了解该技术的读者可以参看文献 [11]。

② 第 6 代 OLEV

如本书中前几章所述，车载静态无线充电技术将会在不久的将来走向大规模商业化。因此，动态无线充电系统想要在未来大规模应用必须与静态无线充电系统兼容。出于上述考虑，第 6 代 OLEV 采用了如图 6.8（a）所示的空芯供电轨道作为动态无线充电的发射线圈[12]。与第 3 代 OLEV 的供电轨道相比，第 6 代 OLEV 供电轨道也是由两条通电电缆形成回路，唯一不同的是，第 6 代供电轨道底部并没有加入磁芯。因此，该轨道可以在路面上产生均匀的交变磁场，即使用于静态充电的方形线圈组，也能够通过该轨道在行驶中对电池进行充电。

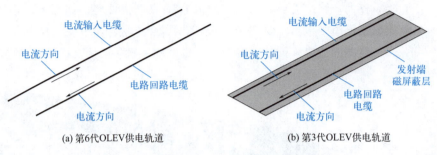

(a) 第6代OLEV供电轨道　　(b) 第3代OLEV供电轨道

图 6.8　第 6 代和第 3 代 OLEV 供电轨道对比图[12]

同时，由于第 6 代供电轨道并没有大面积的磁芯铺设于电缆底部，因此在轨道安装时可以大大降低对原本路面的改造，从而降低施工成本，缩短改造时间。由于带磁芯的供电轨道自感较高，在系统工作时，补偿电容两端的电压应力会很大，因此系统的工作频率往往限制在 20kHz 左右来保证电容两端的电压应力在其最大耐压范围之内。若采用空芯供电轨道，则轨道本身的自感可以有效地降低，对于同样的激励电流，基于空芯供电轨道的动态无线充电系统可以将工作频率从 20kHz 提升至 85kHz（SAE J2954 标准中针对静态无线充电的工作频率），此时补偿电容两端的电压仅为第 3 代 OLEV 轨道中补偿电容两端电压的 2 倍。因此，采用空芯供电轨道更有利于将静态和动态无线充电系统统一至一个工作频率范围内。

(2) 西班牙国家电力公司（Endesa）

自 2013 年 4 月起，西班牙国家电力公司借助 VICTORIA（Vehicle Initiative Consortium for Transport Operation and Road Inductive Application，基于交通运行和感应式道路应用的汽车行业发展联盟项目）计划，致力于研发同时兼容有线充电、静态无线充电以及动态无线充电三种技术的纯电动公交车，如图 6.9 所示。该团队研发的电动公交车在晚上可以利用有线充电在车站为电池充电。在白天运作时，电动公交车既可以在公交站短暂地利用静态无线充电为汽车充电，同时在行驶过程中又可以在铺设供电轨道的道路上进行动态无线充电。为了实现静态无线充电与动态无线充电兼容,在电动公交车接收端采用了方形的接收线圈组。VICTORIA 计划的试点公交路线于 2014 年 12 月在西班牙的 Malaga 建成,其总长 10km,包含 16 个公交站。其中,动态无线充电公路分成八段充电轨道,每段相隔 12.5m,总长 100m,最大充电功率为 50kW。

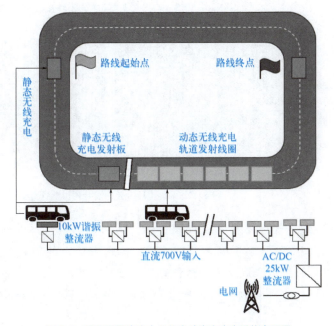

图 6.9　西班牙国家电力公司电动汽车充电设施布局图

(3) 德国 INTIS 公司

从 2011 年开始,德国的 INTIS 公司就开始对基于磁感应的电动汽车静态和动态无线充电技术进行研究。目前,INTIS 公司已经搭建了一条长 25m 的动态无线充电供电轨道,并且其研发中心同时具备对电动汽车静态和动态无线充电的模块测试及系统测试条件,如图 6.10 所示。基于单相供电系统,INTIS 采用双 U 形供电轨道(图 6.11)并联作为发射线圈,可以以 35kHz 的频率输出最大 200kW 的电能。

6.2.3　基于分布线圈组的动态无线充电技术

与上述基于长供电轨道作为发射线圈组相比,利用多个分布的线圈组并排布置而形成的一条供电轨道具有其独特的优势。其中,最重

图 6.10　德国 INTIS 公司电动汽车无线充电测试实验室

图 6.11　德国 INTIS 公司双 U 形供电轨道实物图

要的一点就是分布线圈组供电轨道可以通过合理的开关设计，仅仅在上方有行驶车辆的发射线圈组中激励磁场，对电动汽车进行无线充电。与长供电轨道相比，这种方案可以大大降低系统的能耗以及空间漏磁场[13]。下面将对分布线圈组供电轨道中的线圈组结构设计和能量供给策略两个方面技术进行讨论，有兴趣的读者可以从以上两个方面入手，对分布线圈式动态无线充电系统进行开发。

(1) 线圈组结构设计

基于集中式（非轨道式）的线圈组无线充电技术中，多个圆形、方形或者双 D 的线圈组会以一定的间距在地面下排列，对其路面上经过的电动汽车进行充电。其中，发射与接收线圈组之间的耦合系数是线圈组设计时的一个重要参数。在汽车行驶中，它不仅仅会由于发射与接收线圈组之间的距离变化而发生变化，同时也会由于线圈的形状以及线圈组间的侧向偏移（垂直于汽车行驶方向）而发生变化[14]。如第 3 章中所述，磁能线圈组可以大致分为两类。第一类是以方形、圆形线圈组为代表的单极线圈组。此类线圈组工作时线圈组表面会作为磁极的北极，而线圈组边缘周围空间则作为磁极的南极供磁力线形成磁回路。这种线圈组结构比较简单，而且在对准的情况下，线圈组之间的耦合系数较高。第二类是以双 D 线圈组为代表的双极线圈组。在双 D 线圈组中，两个 D 线圈分别通以反向电流从而形成磁极的南北两极，为磁力线提供低磁阻磁回路。因此，双极线圈组具有更好的耦合条件。由于在动态无线充电应用中，发射与接收线圈组之间必然存在位错，而双 D 线圈组在存在一定位错时会存在耦合死区，因此需要在接收线圈组上加入正交补偿线圈（DDQ 线圈组）对耦合死区位置进行补偿。关于双 D 线圈组、DDQ 线圈组以及与单极线圈组之间的性能对比分析可以参考本书的第 3 章，在此不再一一赘述。

（2）能量供给策略

在汽车行驶过程中，接收线圈组会不断与不同的发射线圈组耦合，但是有大部分的发射线圈组并没有与接收线圈组进行耦合。因此，功率输出控制的准则在于仅仅与接收线圈组耦合的发射线圈组会有激励电流，并且进行能量传输。为了实现上述的局部能量供给策略，其中一种方案是，给每个单独的发射线圈组配备一个逆变器，当检测到接收线圈组接近时，通过对逆变器的控制来决定该发射线圈组是否处于能量供给状态，如图 6.12（a）所示。这种方案的优势在于可以具有更大的控制自由度以及系统稳定性，但是其缺点在于需要加入大量的逆变器以及传感器，这大大增加了动态无线充电系统的安装成本。

另一种方案则是利用一个逆变器同时给若干个发射线圈组供电，在每个线圈组上加入一个开关，当接收线圈组接近时，用开关通断来控制能量的传输状态，如图 6.12（b）所示。这种方案的好处是可以减少高频逆变器的使用，但是会增加开关器件的使用。

由于上述两种方案都要加入大量的位置传感装置来检测接收线圈组是否接近，从而确定发射线圈组的工作状态，这大大增加了系统的成本和复杂程度。为了解决这个问题，文献[15]提出了利用接收线圈

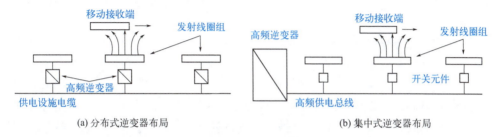

(a) 分布式逆变器布局　　　　　　　　(b) 集中式逆变器布局

图 6.12　动态无线充电系统能量供给策略示意图

组接近时的反射阻抗来控制能量传输的方法。如图 6.13 所示，同样采用一个高频逆变器同时对多个发射线圈组进行供电。当接收线圈组不接近时，若发射端不加入补偿电容，则其电抗很大，此时流过线圈组的电流很小，发射线圈组不处于能量输出状态。当接收线圈组接近时，会在发射线圈组上产生反射阻抗，通过人为设计将该反射阻抗调整呈容性，并且正好对发射线圈组自感进行补偿，则可以在发射端产生较大的激励电流，从而使得能量从发射端传递至接收端。利用这种方法在不需要加入大量传感器的前提下实现对功率的分段输出控制。

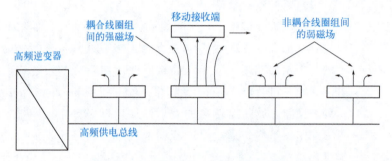

图 6.13　发射线圈组自动能量供给策略示意图

以上是对关于无线充电的两项前沿技术简单的介绍和讨论。希望能够为有兴趣致力于大功率无线充电技术研究的读者提供更开阔的思路。由于大功率无线充电仍然是目前电力电子中研究的热点，因此上述所提出的控制方案和思路仍然存在不少的问题有待更多的学者去研究和完善。总的来说，大功率的无线充电在目前汽车日益电动化、智能化的大趋势之下有着深厚的科研价值和广阔的应用前景。

6.3　基于宇称时间对称的无线充电技术

宇称时间对称（parity time symmetry，PT 对称）理论是从量子力学中衍生出的概念[16]。其中，宇称对称 P 呈线性，时间对称 T 呈共轭线性。P 变换为空间中粒子速度和位置变换，若粒子的运动性质在 P 变换后均未发生改变，则可以认为该粒子满足宇称对称 P。T 变换可描述为时间反转的流向，表示粒子运动顺序的反转。若空间中的一粒子在经过时间变换后，其运动性质未发生改变，则说明该粒子满足时间对称 T。

6.3.1 基于宇称时间对称的无线充电系统原理

宇称时间对称理论在无线充电领域的应用目前还处于起步阶段。2017年，斯坦福大学的范教授首次将PT对称理论应用到无线充电技术中，通过实验验证了PT对称原理的引入能有效改善无线充电系统对传输距离的敏感性[17]，其电路图如图6.14所示。

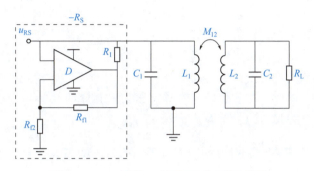

图6.14 PT对称的PP型无线充电系统电路图

图中，非线性负电阻由运算放大器与正电阻所组成的电路构成，$D=1+R_{f1}/R_{f2}$；R_1、R_{f1}和R_{f2}为配置负电阻阻值的正电阻，由此作为系统的饱和增益；接收端的负载R_L作为能量耗散部分，能量发送和接收部分为并联谐振补偿网络，且发射侧与接收侧的固有谐振频率相同。

基于PT对称的无线充电系统可以用"镜像对称"来阐述其物理意义的正确性，即系统中的发射电路作为"原像"，接收电路作为"镜像"，发射线圈与接收线圈作为能量的载体。当一个达到稳定状态的无线充电系统因外界因素发生改变时，如发射线圈与接收线圈的相对方向发生变化时，其"对称轴镜子"也会随之变化，且始终与两个线圈中心的连线保持垂直关系，而线圈则会在新的对称轴下达到对称状态，即系统的稳定状态始终是对称的，电源上的电压相当于直接施加在负载上，因此可实现与传输距离、方向无关的高效无线充电。

具体对于宇称时间对称的无线充电建模可以借助耦合模理论（coupled-mode theory，CMT）。耦合模理论一般用于研究电磁波之间的耦合规律，是微扰分析法的一种特例，适用于分析谐振模式与传输模式下的物理耦合系统特性。经过数十年的深入研究和演化，耦合模理论已经成为高频波谐振状态和传播特性的常用分析方法。耦合模理论是把一个综合耦合系统分解为多个独立子系统，并分别求解各子系统耦合模方程的解,然后假设这些若干独立部分之间的互相耦合是系统添加外界扰动后的结果,最后即可将原来的系统理解为所有弱耦合单元之间通过微扰叠加的复杂耦合系统。因此,耦合模理论能够非常方便地分析高频波领域中能量交换的过程以及各部分的耦合状态。

电磁波在振荡和传播中的耦合规律可用耦合模理论描述。当系统处于均匀、线性和被动状态时,每个正交模式都不会进行能量交换,而当系统受到外界干扰时,当前稳定状态将被打破,各模式之间会发生耦合。传播系统的耦合状态描述了电磁波在一定时间内,其传播路径上不同位置的振幅和相位的变化,而振荡系统的耦合状态描述了电磁波在特定区域传播时,在任何点的振幅和相位的变化,并且该状态随时间变化。若读者有兴趣了解利用耦合模理论对无线充电系统的完整建模过程,可参考文献[18]。

6.3.2 基于宇称时间对称的无线充电系统应用

华南理工大学周佳丽等学者将基于宇称时间对称的无线充电系统应用于无人机的充电场合中。图 6.15 所示为应用于无人机充电场合的无线充电系统[19]。其中,通过一个半桥逆变电路以及对谐振电流的过零检测可以实现输入侧的负电阻特性。而该激励源不仅仅只局限于半桥逆变电路,其他高频逆变电路拓扑(如全桥逆变电路)均可适用。

图 6.16 所示为基于宇称时间对称的无人机无线充电系统的实物样机图。其中,发射线圈为平面螺旋线圈,接收线圈为垂直螺绕线圈。该

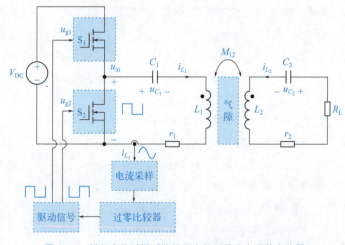

图 6.15　基于宇称时间对称的无人机无线充电系统电路图

系统的额定传输功率为 10W。其发射与接收端的固有谐振频率为 1MHz。该系统可在垂直传输距离 20～100mm 范围内保持近似恒功率输出，同时其系统总体传输效率可以维持在 80% 左右。

图 6.16　基于宇称时间对称的无人机无线充电系统实物样机图

在大功率充电场合方面，Wu 等人提出了一种多接收线圈的基于宇称时间对称的无线充电系统。该系统可用于电动汽车的无线充电[20]。如图 6.17（a）所示为基于宇称时间对称的多接收线圈无线充电系统电路示意图。其中原边采用单个发射线圈以及串联谐振补偿，原边输入电源的电路设计如图 6.17（b）所示。在副边接收端则采用多个接收线圈并联输出，从而可在提高传输功率的同时，减小对电路中其他被动元件的电流应力。

如图 6.18 所示为基于宇称时间对称的 1kW 无线充电系统原型样机。其中发射端采用双 D 线圈，接收端采用两个解耦的方形线圈并行输出

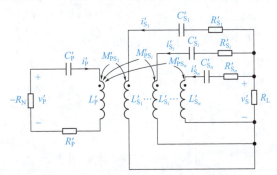

(a) 基于宇称时间对称的多接收线圈无线充电系统电路示意图

图 6.17

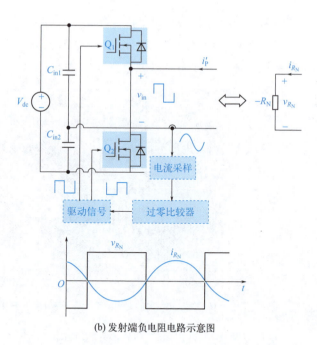

(b) 发射端负电阻电路示意图

图 6.17 基于宇称时间对称的多接收线圈无线充电系统

功率。该系统的固有谐振频率为 94.6kHz。该系统可以在 100mm 的垂直气隙下，在 240mm 的水平位移范围内恒效率高效传输 1kW 能量。此外，在发射和接收线圈无水平位错情况下，该系统可以在 100～200mm 的垂直气隙变动范围内保持恒效率输出。

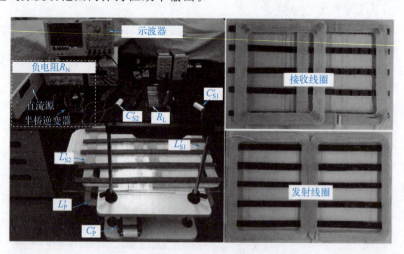

图 6.18 电动汽车 1kW 无线充电系统样机

此外，Shu 等人也提出了宇称时间对称在带有中继线圈的无线充电系统中的应用[21]。如图 6.19 所示为基于宇称时间对称的带中继线圈的无线充电系统电路图。Shu 等学者的研究论文中，基于耦合模理论对带有奇数或偶数中继线圈的无线充电系统进行了建模，得到其满足宇称时间对称的条件以及包含不同数目的继线圈的系统输出特性。

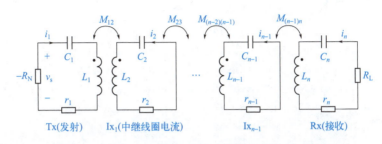

图 6.19　基于宇称时间对称的带中继线圈的无线充电系统电路图

如图 6.20 所示为基于宇称时间对称的带中继线圈的无线充电系统的原型样机。实验表明，在加入一个中继线圈的情况下，系统可以在 200～400mm 的垂直传输距离范围内保持恒功率恒效率输出，其传输效率可达 90％。而在加入两个中继线圈的情况下，系统可以在 420～500mm 垂直传输距离范围内保持恒功率恒效率输出，其传输效率达 89％。

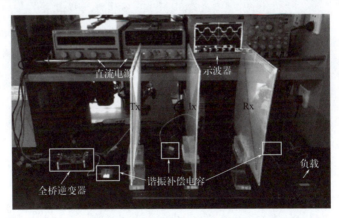

图 6.20　基于宇称时间对称的带中继线圈的无线充电系统原型样机

本章小结

本章着重介绍了目前无线充电系统中的一些前沿技术方案，包括双向无线充电、动态无线充电以及基于宇称时间对称的无线充电。其中，双向无线充电能够契合当下 V2G 的发展大背景，将电动汽车也作为一个可用的储能部件。动态无线充电能够最大限度地解决电动汽车的里程焦虑问题。而基于宇称时间对称的无线充电技术则可以从耦合模理论的角度出发，实现系统在更宽的位错范围内恒功率恒效率输出。

参考文献

[1] 牛金红. 数字控制双向全桥 DC/DC 变换器的研究[D]. 武汉：华中科技大学，2006.

[2] Madawala U K, Thrimawithana D J. Current sourced bi-directional inductive power transfer system[J]. IET Power Electronics, 2011, 4: 471.

[3] Madawala U K, Neath M, Thrimawithana D J. A Power-Frequency Controller for Bidirectional Inductive Power Transfer Systems[J]. IEEE Transactions on Industrial Electronics, 2013, 60: 310-317.

[4] Mi C C, Buja G, Choi S Y, et al. Modern Advances in Wireless Power Transfer Systems for Roadway Powered Electric Vehicles[J]. IEEE Transactions on Industrial Electronics, 2016, 63: 6533-6545.

[5] Hutin M, Leblanc M. Transformer system for electric railways[S]. US patent 527857, 1894.

[6] Choi S Y, Gu B W, Jeong S Y, et al. Advances in Wireless Power Transfer Systems for Roadway-Powered Electric Vehicles[J]. IEEE Journal of Emerging and Selected Topics in Power Electronics, 2015, 3: 18-36.

[7] Wu P, Bai F, Xue Q, et al. Use of Frequency-Selective Surface for Suppressing Radio-Frequency Interference from Wireless Charging Pads[J]. IEEE Transactions on Industrial Electronics, 2014, 61: 3969-3977.

[8] Tang S C, Hui S Y, Chung H S H. Evaluation of the shielding effects on printed-circuit-board transformers using ferrite plates and copper sheets[J]. IEEE Transactions on Power Electronics, 2002, 17: 1080-1088.

[9] Seungyoung A, Junso P, Taigon S, et al. Low frequency electromagnetic field reduction techniques for the On-Line Electric Vehicle (OLEV)[C]. 2010 IEEE International Symposium on Electromagnetic Compatibility, Fort Lauderdale, FL, USA, 2010.

[10] Hiles M L, Olsen R G, Holte K C, et al. Power frequency magnetic field management using a combination of active and passive shielding technology[J]. IEEE Transactions on Power Delivery, 1998, 13: 171-179.

[11] Choi S Y, Jeong S Y, Gu B W, et al. Ultraslim S-Type Power Supply Rails for Roadway-Powered Electric Vehicles[J]. IEEE Transactions on Power Electronics, 2015, 30: 6456-6468.

[12] Thai V X, Choi S Y, Choi B H, et al. Coreless power supply rails compatible with both stationary and dynamic charging of electric vehicles[C]. 2015 IEEE 2nd International Future Energy Electronics Conference (IFEEC), Taipei, China, 2015.

[13] Covic G A, Boys J T. Modern Trends in Inductive Power Transfer for Transportation

Applications[J]. IEEE Journal of Emerging and Selected Topics in Power Electronics, 2013, 1: 28-41.

[14] Covic G A, Boys J T. Inductive Power Transfer[J]. Proceedings of the IEEE, 2013, 101: 1276-1289.

[15] Lee K, Pantic Z, Lukic S M. Reflexive Field Containment in Dynamic Inductive Power Transfer Systems[J]. IEEE Transactions on Power Electronics, 2014, 29: 4592-4602.

[16] Schindler J, Lin Z, Lee J M, et al. PT-symmetric electronics[J]. Journal of Physics A: Mathematical and Theoretical, 2012, 45: 444029.

[17] Assawaworrarit S, Yu X, Fan S. Robust wireless power transfer using a nonlinear parity-time-symmetric circuit[J]. Nature, Jun 14 2017, 546: 387-390.

[18] 张政. 基于PT对称原理的全方向无线电能传输系统建模与分析[D]. 广州: 华南理工大学, 2020.

[19] Zhou J, Zhang B, Xiao W, et al. Nonlinear Parity-Time-Symmetric Model for Constant Efficiency Wireless Power Transfer: Application to a Drone-in-Flight Wireless Charging Platform[J]. IEEE Transactions on Industrial Electronics, 2019, 66: 4097-4107.

[20] Wu L, Zhang B, Zhou J. Efficiency Improvement of the Parity-Time-Symmetric Wireless Power Transfer System for Electric Vehicle Charging[J]. IEEE Transactions on Power Electronics, 2020, 35: 12497-12508.

[21] Shu X, Zhang B, Wei Z, et al. Extended-Distance Wireless Power Transfer System With Constant Output Power and Transfer Efficiency Based on Parity-Time-Symmetric Principle[J]. IEEE Transactions on Power Electronics, 2021, 36: 8861-8871.

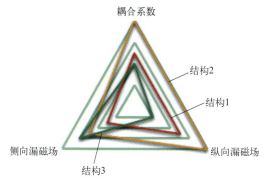

图 3.20 三种不同双 D 线圈组结构性能比较

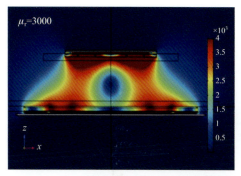
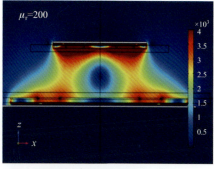

图 4.10 趋于磁饱和导致磁导率下降，线圈间耦合效果减弱

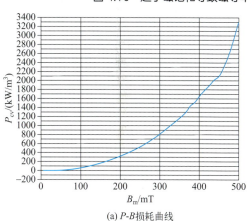

(a) P-B 损耗曲线

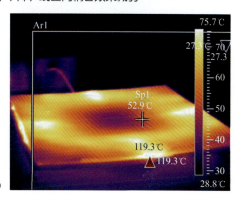

(b) 磁芯饱和后温度分布

图 4.11 磁芯在交变磁场下的 P-B 损耗曲线与 WPT3 功率下饱和后温度分布

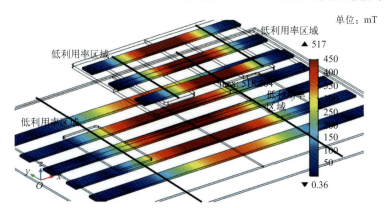

图 4.12 非对称双 D 线圈基于条形磁芯的低利用率区域分布

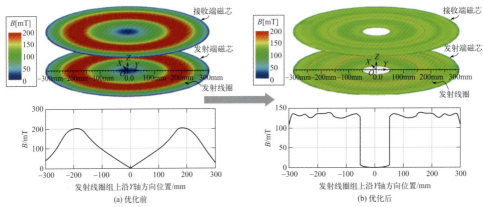

图 4.18 厚度优化前后的磁芯整体磁通密度分布与沿圆形磁芯径向分布情况

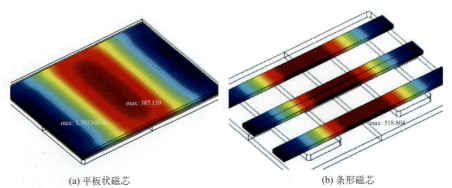

图 4.21 基于 DD 线圈的两种主流磁芯的磁密分布

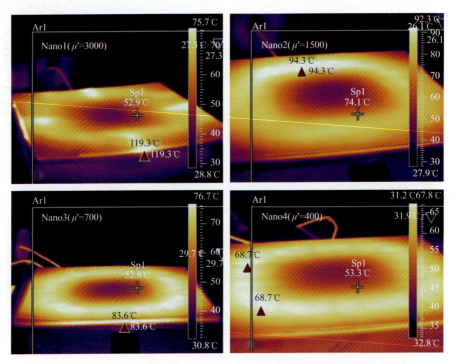

图 4.29 7.7kW 下不同磁导率的 5mm 纳米晶磁芯在线圈接收端的温度分布